Gabi Kreslehner

Nils geht

Gabi Kreslehner

Nils geht

Tyrolia-Verlag • Innsbruck–Wien

2. Auflage 2020

© 2020 Verlagsanstalt Tyrolia, Innsbruck

Umschlaggestaltung: Nele Steinborn

Satz- und Layoutgestaltung: Nele Steinborn, Wien

Schriften: Questa, Questa Sans

Druck und Bindung: FINIDR, Tschechien

ISBN 978-3-7022-3843-8 (gedrucktes Buch)

ISBN 978-3-7022-3844-5 (E-Book)

E-Mail: buchverlag@tyrolia.at

Internet: www.tyrolia-verlag.at

Facebook: Tyrolia Verlag Kinderbuch

... Nils schreckte hoch.

Nein, nicht weiter, so viel war sicher.

Man konnte nicht davonlaufen.

Vor fast nichts ...

Erster Teil

ERSTE BEFRAGUNG // SARA AUSTER
Montag, neunzehnter Juni, Beginn: vierzehn Uhr dreißig

    Hallo Sara!

Sara reagiert nicht.

    Ist es in Ordnung, wenn ich unser Gespräch aufnehme?

Sara zuckt die Schultern.

    Gut. Sagst du mir deinen ganzen Namen, bitte?

Sara Auster.

    Gut, Sara, dann fangen wir jetzt an. Magst du mir erzählen,
    was passiert ist?

Pause. Dann: Sara schüttelt den Kopf und steht auf.

Ich geh jetzt!

Sie geht.

// CUT //

ERSTE BEFRAGUNG // JOHANNES »JO« BELLMANN
Montag, neunzehnter Juni, Beginn: vierzehn Uhr dreißig

    Hallo Jo!

Jo reagiert nicht.

    Ist es in Ordnung, wenn ich unser Gespräch aufnehme?

Jo zuckt die Schultern.

Mir doch egal!

    Gut. Sagst du mir deinen Namen noch einmal, bitte?

Wieso? Kennen Sie doch!

Stimmt! Also dann erzähl mir, was passiert ist, Jo!

Wozu? Ich hab doch alles gesagt! Was wollen Sie noch von mir? Ich bin das Opfer! Nicht der Täter! Was wollen Sie also von mir?

Dir helfen, Jo.

Mir helfen?

Jo lacht.

Brauch ich nicht! Echt nicht!

Jo geht.

// CUT //

ZWEITE BEFRAGUNG // SARA AUSTER
Dienstag, zwanzigster Juni, Beginn: neun Uhr

Guten Morgen, Sara. Wie geht es dir?

Sara sitzt still da, die Augen gesenkt.

Weiß nicht. Besser. Nein. Keine Ahnung.

Pause.

Magst du heute erzählen?

Weiß nicht.

Was soll ich denn erzählen?

Was dir einfällt. Fang einfach an. Wir haben Zeit.

Pause.

Haben wir? Zeit? Stimmt doch gar nicht!

Pause.

Ich bin gestern noch im Wald gewesen. Weiß nicht, wie lang. Bis meine Mutter angerufen hat. Die war völlig hysterisch. Wo ich bin. Dass es spät ist. Dass ich heimkommen soll. Dass das nix bringt.

Pause.

Ich hab geglaubt, ich find den Nils. Irgendwo im Wald zwischen den Bäumen. Dass er da sitzt. Aber der war nirgends. Ich weiß nicht, wo der ist.

Pause.

Wissen Sie es? Haben die ihn gefunden?

  Nein.

Nicht? Scheiße ...

Sara schlägt die Hände vor das Gesicht, wendet sich ab.

// CUT //

ZWEITE BEFRAGUNG // JOHANNES »JO« BELLMANN
Dienstag, zwanzigster Juni, Beginn: neun Uhr

  Guten Morgen, Jo. Wie geht es dir?

Wie es mir geht? Pffff ...

Jo wirkt angespannt und aggressiv, wippt ständig mit dem rechten Bein.

Scheißfrage! Der wollte mich umbringen! Wie soll's mir da gehen! Der wollte MICH abstechen, der Scheiß-Nils!

Jo springt auf.

Ihr kapiert das einfach nicht! Ihr kapiert das nicht!! ICH Opfer – ER Täter!! Nicht umgekehrt!! Ach Scheiße ...

Jo schlägt die Hände vor das Gesicht, schüttelt den Kopf, wendet sich ab, zögert, wendet sich zur Tür, geht darauf zu.

Ich geh jetzt. Sie können mich nicht zwingen zu bleiben.

Jo dreht sich um.

Seine Mutter schläft nicht mehr, hab ich gehört. Sagen die.

Er deutet nach draußen.

Stimmt das?

Ja.

Jo nickt.

Okay ... na ja ... ist ja erst eine Nacht.

Jo starrt vor sich hin, dann geht er.

// CUT //

DRITTE BEFRAGUNG // SARA AUSTER
Mittwoch, einundzwanzigster Juni, Beginn: neun Uhr

Du kennst den Nils schon länger, Sara?

Sara nickt.

Schon ewig. Schon immer.

Pause.

Ja. Schon immer. Da waren wir noch Kinder und ich mochte seinen Namen. Nils. Von Nils Holgersson. Der Junge, der fliegen konnte. Der Winzling aus dem Buch, aus dem Film. Kennen Sie den?

Sie blickt hoch.

Ja.

Sara nickt.

Ja. Den kennt jeder.

Pause.

Aber ... der Nils ... der andere Nils ... unser Nils ...

Pause.

... der war nicht wie der Nils Holgersson, der war nicht so, dass man ihn bewundern konnte. Nein. Den konnte man nicht bewundern.

Pause. Sara beginnt zu lächeln.

Oder doch! Doch. Ja. Als wir klein waren. Kinder.

Da hab ich ihn bewundert.

Sara lächelt. Pause.

Hatte ich vergessen.

Pause.

Aber dann, als die sich gegenüberstanden, der Jo und der Nils, da ist es mir wieder eingefallen.

   Was ist dir wieder eingefallen?

Dass wir gespielt haben als Kinder. Ritter und Schaf. Er war der Ritter und ich war das Schaf, ein silberner Ritter war er in einem silbernen Harnisch und mit einem silbernen Schwert und jedes Mal hat er mich vor dem Drachen gerettet.

Pause. Sara lächelt.

Ich kniete am Boden mit einem Schaffell, das hatte zwei Ausschnitte für die Arme, damit man es anziehen konnte wie einen Mantel. Und auf dem Kopf trug ich einen Haarreifen, da waren Ohren dran und dann war ich das Schaf.

Pause.

Wir haben das gebastelt, der Nils und ich mit unseren Müttern, genauso wie das Schwert und den Harnisch für Nils, die waren aus Karton und Alufolie.

Pause. Sara lächelt.

Also ich kniete am Boden und machte: Mäh! Mäh! Und tat ängstlich, als ob ich mich fürchten würde. Und Nils stellte sich vor mich hin mit weit geöffneten Armen. Er hielt das Schwert und glänzte stolz und silbern, und er kämpfte gegen den Drachen und immer gewann er.

Pause. Sara lächelt.

Manchmal hat er mich gefragt, ob ich der Ritter sein will und er das Schaf. Aber das wollte ich nie.

Sara holt tief Luft, hört zu lächeln auf.

Wissen Sie, seine Mutter ist die beste Freundin meiner Mutter. Schon immer. Da waren die noch in der Schule. Also waren wir ständig zusammen. Bei denen daheim. Bei uns daheim. Am Spielplatz. Da hatte sie immer Verbandszeug dabei. Wenn einer von uns sich die Knie aufgeschlagen hatte, holte sie es raus, tupfte mit irgendeinem Wunderzeug, da brüllten wir noch mehr, denn das brannte wie die Hölle. Aber sie ist Ärztin, da muss sie ja wissen, was sie tut. Und die Hölle ... das weiß ich jetzt ...

Pause.

... die Hölle brennt ganz anders.

// CUT //

DRITTE BEFRAGUNG // JOHANNES »JO« BELLMANN
Mittwoch, einundzwanzigster Juni, Beginn: neun Uhr

Keine Nacht! Fuck!

Pause. Jo schüttelt den Kopf, wirkt hilflos.

Scheiße, die soll sich Tabletten krallen! Zum Beruhigen! Die muss das doch wissen, die ist doch Ärztin! Die kippt doch sonst um! Und was dann? Fuck!

Pause.

Mein Alter brüllt jetzt ständig rum. So nach dem Motto: Du lebst unter meinem Dach und stellst deine Füße unter meinen Tisch!

Und ich darauf: Aber ich bin fünfzehn! Du kannst mir nichts mehr erzählen!

Und er: Solange du ...

Und ich: Aber ich bin ...

Und so weiter und so weiter.

Pause.

Was?!

Pause.

Wieso sagen Sie nichts?

    Ich hör dir zu.

Ach fuck, lassen Sie mich doch in Ruhe!

// CUT //

DRITTE BEFRAGUNG // SARA AUSTER
Mittwoch, einundzwanzigster Juni, Beginn: neun Uhr

Aber irgendwie war der Nils immer komisch. Ein kleiner Wicht, der sich nicht anpassen konnte. Doofes Gesicht. Irre Bewegungen. Und dabei weiß der aber alles. Den kann man fragen, was man will, der weiß es. Ich meine, da ist es doch kein Wunder, dass die ihn schon immer im Visier hatten. Schon in der Volksschule. Schon im Kindergarten. Der konnte tun, was er wollte.

Pause.

So läuft das eben. So ist die Welt.

Pause.

Wissen Sie, manchmal suche ich mein Gesicht nach Wimpern ab. Kennen Sie das auch? Machen Sie das auch?

    Ja.

Also, ich reiße mir keine aus, das nicht, aber hin und wieder verliert man doch welche ...

Pause.

Oder nicht?

Doch. Ja.

Sara nickt.

Und dann, also wenn ich eine habe, dann ... dann blas ich sie in den Wind. Und meine Wünsche mit.

Pause.

Ja. So funktioniert das. So macht man das. Bläst seine Wünsche in den Wind. Mit geschlossenen Augen. Und dann ...

Pause.

... gehen sie in Erfüllung.

Pause.

Oder auch nicht.

Pause.

Machen Sie das nicht so?

Doch.

Finden Sie das blöd?

Nein.

Pause.

Was wünschst du dir denn, Sara?

Sara lächelt zaghaft, flüstert.

Immer das Gleiche.

Und was ist das?

Pause.

Mut.

Sara schaut hoch. Sie weint. Pause.

Dass ich mutig gewesen wäre. Früher. Als noch Zeit war.

Pause.

Aber dann ...

Pause.

Ja?

... hätten sie mich auch ... und dann ...
Sara senkt den Blick.

// CUT //

»Detlef«, sagten sie und grinsten. »Hallo, Detlef, alter Spinner!«
Und Nils: »Nils. Ich heiße Nils.«

Er sagte das immer, jeden Tag sagte er das, wenn er morgens in die Klasse kam und sie ihn Detlef nannten und ihm die Tasche wegrissen und ihm laut grölend auf die Schultern schlugen, immer wieder auf die Schultern, jeden Tag, jeden Morgen, egal, wann er kam, spät oder früh, sie warteten auf ihn und schlugen ihm auf die Schultern und grölten: »Detlef, alte Sau!« Und er sagte: »Nils. Ich heiße Nils.« Und wurde kleiner unter ihren Schlägen, immer kleiner, aber sagte: »Nils. Ich heiße Nils.«

// CUT //

DRITTE BEFRAGUNG // SARA AUSTER
Mittwoch, einundzwanzigster Juni, Beginn: neun Uhr

Das ging immer so. Immer. Und er hat sich nicht gewehrt. Also nicht richtig, nicht mit den Fäusten. Und da haben sie wohl gewusst, dass sie machen können, was sie wollen.
Pause.
Und wir anderen alle ...
Pause.

Sara flüstert.

... wir haben uns halt nicht getraut.

Pause.

   Was habt ihr euch nicht getraut?

Pause.

Ihm zu helfen. Stopp zu sagen! Zu Rasmus! Zu Fadi! Zu Jo!

   Und warum nicht?

Weil ...

Pause.

... weil ... wir Angst hatten! Also ... also ich weiß es nicht von den anderen, aber ich ... ich hatte Angst. Vor Rasmus und Fadi und Jo. Und auch vor Mila.

Ja.

Pause.

   Das ist schwer, Sara. Das weiß ich.

Was?

   Stopp sagen. Für jemand anderen. Wenn man Angst hat und um sich selber fürchtet.

Pause.

   Aber ihr wart viel mehr als die. Ihr wart die halbe Klasse.

Pause.

Ja. Stimmt. Waren wir. Aber einer hätte anfangen müssen. Und wir wissen doch nichts voneinander. Wie wer zu wem steht. Wem man trauen kann. Sowas weiß doch keiner.

Pause.

   Warum habt ihr euch keine Hilfe geholt, Sara?

Sara schlägt die Hände vors Gesicht und beginnt zu weinen.

Wer hätte denn geholfen?! Wer hilft dir denn, wenn es dir dreckig geht?! Schaut doch jeder nur auf sich!

Sie fängt sich wieder und wischt die Tränen ab.

Die Lehrer kriegen nix mit! Und wenn, dann können die auch nix tun. Oder es ist ihnen egal.

Glaubst du das wirklich?

Sara zuckt die Schultern.

Weiß nicht. Keine Ahnung.

Sara seufzt. Pause.

Wissen Sie, nach der Volksschule hat Nils' Mutter einen Mann kennengelernt, einen Engländer, und sie ist mit ihm und Nils nach England gegangen und ich war ... irgendwie froh darüber, weil es mit dem Nils in der Schule nie so besonders einfach war und weil ich dachte, jetzt gehen die weg und dann hab ich meine Ruhe und muss nicht ständig hinter ihm her zum Aufpassen.

Du hast auf Nils aufgepasst?

Ja! Sicher!

Warum?

Na, weil meine Mutter das wollte. Und Nils' Mutter. Weil die halt schon irgendwie auch ahnten, dass ...

Pause.

Na ja. Auf alle Fälle gingen sie dann weg und ich war froh. Echt froh. Aber dann ... na ja ... leider hat das nicht geklappt und nach drei Jahren waren sie wieder zurück.

Pause.

Und ausgerechnet da wurde in unserem Nachbarhaus eine Wohnung frei und meine Mutter wusste das und also zogen sie da ein, der Nils und seine Mutter. Und dann hat sie ihn in meiner Schule angemeldet und dann kam der auch noch in meine Klasse.

Pause.

Wie lang ist das her?

Ein Jahr. Im letzten Sommer kamen sie zurück.

Sara zupft an ihrem Taschentuch, zerlegt es in kleine Fussel.

Wissen Sie, es war halt einfach nicht so, dass ich den Nils besonders mochte.

Pause.

Eigentlich mochte ich ihn gar nicht. Ich meine, das ist doch in Ordnung, oder?

Ja.

Ich meine, man kann nicht alle mögen, oder?

Nein, kann man nicht. Muss man auch nicht.

Und der Nils, der ... der hat es einem wirklich nicht leicht gemacht.

Pause.

Aber das, was da jetzt passiert ist, das hätte nicht passieren dürfen.

Sie schüttelt den Kopf.

Nein, Sara, das hätte es wirklich nicht.

Pause.

Wann hat es begonnen?

Sara denkt nach.

Ich weiß nicht. Eigentlich hat es nicht begonnen. Es war einfach. Von Anfang an.

Pause.

Wenn du das perfekte Opfer bist, dann bist du einfach das perfekte Opfer. Immer und überall.

// CUT //

Die ersten Sommertage des Jahres. Die Sonne knallte, als gäbe es kein Halten.

Frau Degenhard hatte die Klasse über den Sportplatz getrieben, nun spielten sie noch eines dieser Kickoutspiele, mit zwei Mannschaften und Ballfangen und Gegner-Abschießen, und wer am Ende noch jemanden im Feld hatte, hatte gewonnen. Mila tänzelte hin und her, war ständig in Bewegung, sprang hoch, holte sich ein ums andere Mal den Ball. Ihre bräunliche, glatte Haut glänzte vom Schweiß, der dunkle Pferdeschwanz wippte im Takt. Wieder fing sie den Ball, holte aus, schoss ihn mit Wucht zurück ins andere Feld und traf Sara. Die jaulte ein bisschen, aber lief rasch vom Spielfeld. Hinter Jo suchte sie sich einen Schattenplatz.

»Mila ist gut«, sagte Rasmus und schnalzte mit der Zunge, »verdammt gut!«

»Mila ist auch schön«, sagte Jo und lachte. »Verdammt schön. Mila ist die Schönste. Da können alle anderen sich verstecken!«

»Der Paulsen findet das auch«, sagte Rasmus. »Ich hab den gesehen, am Fenster. Der hatte Augen wie Weihwasserbrunnen. Durchleuchtet! Durchseligt! Und dabei hat die Mila gar nix gemacht. Aber der Paulsen wahrscheinlich.«

Rasmus umfasste mit seinen Fingern die Wasserflasche, schob sie in raschem Tempo auf und ab, verdrehte die Augen und stöhnte, als ob es ihm ans Leben ginge. Jo lachte, konnte dieses eine einzige Mal den Paulsen gut verstehen. Männersolidarität.

»Obwohl der doch die Degenhard fickt«, sagte Rasmus grinsend, »und die ist auch nicht schlecht für ihr Alter. Schau sie dir doch an!«

Er deutete zu der Lehrerin, die mit der Trillerpfeife im Mund am Rand des Spielfeldes stand, und rief ihr zu: »Na, Frau Degenhard, alles gut?«

Frau Degenhard wandte sich um und schaute ihm kühl ins Gesicht. Ansonsten ignorierte sie ihn, manchmal war das das Beste, was man tun konnte. Die Jungs lachten.

Seit man denken konnte, waren sie eine Clique, Jo, Rasmus, Fadi und Mila, fest verschworen, unbesiegbar, von manchen Mitschülern neidvoll bestaunt, von den meisten jedoch gehasst und gefürchtet. Die Lehrer nannten sie *das schreckliche Quartett* oder *die fürchterlichen Vier*. Jo war der hofierte Anführer, Rasmus der Stratege, der immer wusste, was Sache war, und alle Fäden zog, und Fadi der willige Vollstrecker aller Pläne. Und am Rand der drei tänzelte Mila herum, wandte sich mal hierhin, mal dorthin, legte sich nicht fest.

Niemand wollte den Vieren in die Quere kommen, Rasmus' Pläne konnten vernichtend sein, also legte man sich besser nicht mit ihnen an. Musste man aber auch nicht, denn seit diesem Schuljahr hatten sie einen einzigen beständigen Feind, der alles ab- und einfing: Nils.

»Fadi!« Frau Degenhards Stimme schnitt durch die sommerliche Hitze wie Eis. »Bist du verrückt! Wir schießen hier nicht so scharf! Das weißt du genau!«

Sie beugte sich zu Nils, der am Spielfeld lag und sich krümmte. »Alles in Ordnung, Nils?«

Nils schnappte nach Luft. Wie eine stahlharte Faust war Fadis Ball in seiner Magengrube gelandet.

»Atme, Nils, atme! Ganz ruhig!«

Nils versuchte es. Es gelang.

Vom Schulgebäude ertönte die Pausenglocke. In Nullkommanichts hatte die Klasse sich verdrückt. Langsam richtete Nils sich auf, gestützt von Frau Degenhard. Ein paar Meter entfernt stand Fadi, die Hände in die Hüften gestützt, abwartend, lässig, cool.

»Das wird ein Nachspiel haben, Fadi«, sagte Frau Degenhard mit zornbebender Stimme und wusste doch genauso wie Fadi und Nils, dass es mit Sicherheit keines haben würde.

Fadis Vater war im diplomatischen Dienst, seine Mutter hatte vor ihrer Heirat Sprachen studiert und war nun Hausfrau. Seit Fadi denken konnte, waren sie von Land zu Land gezogen, von Hauptstadt zu Hauptstadt. Den Fixpunkt einer Heimat hatte es nie gegeben, wenn man davon absah, dass er mit seiner Mutter jedes Jahr im Sommer für zwei Wochen nach Tunis zu den Großeltern reiste. Fadi wusste also sehr genau, wie es war, wenn man nicht dazugehörte, wenn sie einen nicht einließen in ihre Kreise. Immer waren ihm abschätzende, misstrauische Blicke begegnet, wenn er neu an eine Schule kam, und er wusste gar nicht mehr, wie oft das gewesen war, in wie vielen Schulen er vorübergehend geparkt worden war, wie er es in Gedanken ironisch nannte. Nicht immer war es bei den misstrauischen Blicken geblieben. »Terrorist« hatten sie ihn genannt, »Scheißterrorist«, »Scheißaraber, dich sollte man in die Luft sprengen!« Auch Handgreiflichkeiten hatte es gegeben, er hatte ihren Hass zu spüren bekommen, ihren Zorn, irgendwann hatte er gelernt sich zu wehren, sogar sich zu behaupten.

Dabei, wenn man es genau nahm, war er nicht einmal Araber, Tunesien war beileibe nicht Arabien, aber das wollte keiner so genau wissen, es genügte, dass er aussah, wie er aussah, alles andere zählte nicht.

An dieser Schule aber war von Anfang an alles anders gewesen. Jo und Rasmus hatten ihn gesehen und ihn ungefragt in ihren Kreis aufgenommen. Fadi hatte keine Ahnung, warum.

Vielleicht war er der Quotenaraber, den eine Clique möglicherweise brauchte, um elitär zu wirken, der Quotenflüchtling, der sich gut integriert hatte, obwohl er alles andere als ein Flüchtling war. Vielleicht war Jo in ihn verliebt, wer konnte das wissen, und wenn Fadi manchmal Jos Blicke bemerkte, wenn der sich unbeobachtet fühlte, und wenn diese Blicke ihn fast zu streicheln begannen ...

dann … dann wurde es Fadi schummrig im Kopf und im Magen, und er stellte sich für Sekundenbruchteile vor, was sie mit so einem machten in seinem Kulturkreis … mit so einem …

Aber im Grunde war ihm das alles egal, denn er fühlte sich zum ersten Mal in seinem Leben angekommen, und von daher war er vielleicht doch zeitlebens ein Flüchtling gewesen, denn nie zuvor hatte er dieses Gefühl verspürt, dieses Gefühl von Wärme, Schutz, Glück und Geborgenheit. Mit tausendprozentiger Sicherheit wusste er, dass er darauf niemals wieder verzichten würde, und wenn das bedeutete, dass er den Staub von Jos Füßen lecken musste, dann war das eben so.

Davon abgesehen würde Jo immer eine einflussreiche Persönlichkeit sein, der Boss eines großen Konzerns nämlich, nicht nur, weil er diese Aufgabe gleichsam von seinem Vater erben würde, sondern weil es einfach so war, dass Jo diese Kraft besaß. Andere hinter sich zu lassen. Ihnen die Kniekehlen auszuhebeln, wenn es sein musste, ihnen die Fressen zu polieren. Und alles das mit kühlem Herzen. Das war wichtig. So etwas musste kühlen Herzens geschehen. Gerader Blick nach vorn, Hacken zusammengeschlagen, leichtes Lächeln.

Auch Banker, überlegte Fadi, wäre für Jo eine Möglichkeit, einer dieser eisglatten Typen, deren Herz an nichts hing, die sich Frauen hielten oder auch Männer oder beides und Yachten und Häuser an allen Ecken und Enden dieser Welt und alles das in kühler Distanz und Gleichgültigkeit. So wie er auch die Sache mit Nils anging. Distanziert und gleichgültig. Man konnte auch sagen, grausam und mitleidlos.

Fadi aber verspürte Mitleid. Mit Nils. Manchmal. Wenn er alleine war und nachdachte. Dann kam das Mitleid. Und noch manchmaler sogar Tränen. Weil Fadi eben wusste, wie es war, ein Verstoßener zu sein.

Aber die Dinge waren, wie sie waren. Man konnte nichts machen, nichts tun.

Bloß Schule wechseln. Und hoffen, dass es in einer anderen Schule besser wurde. Hatte ja auch bei ihm geklappt. Ob er Nils diesen Tipp einmal geben sollte? Heimlich? Versteckt? Dass es niemand merkte? Fadi bedeutet Retter, aber wie ein Retter fühlte Fadi sich nicht.

Es war Abend geworden, sie feierten den Sommer und dass bald Ferien waren, und sie taten es bei Jo daheim hinter dem Haus, wo der Garten sich in einen großen Park erweiterte. Noch nie, dachte Sara, habe ich so einen schönen Garten gesehen, so einen schönen Park, was für wundervolle Bäume, wie alt sind sie wohl, was alles haben sie schon gesehen?

»Na«, sagte Jo spöttisch, »bist du jetzt hier angewachsen? Willst du nicht weiterkommen? Zu den anderen? Zum Feuer?«

Sara zuckte zusammen. »Doch«, sagte sie schüchtern, »doch, natürlich, danke für die Einladung.«

»Keine Ursache«, sagte Jo gleichgültig, »war Rasmus' Idee.«

Manchmal erweiterten sie ihren Kreis, speziell, wenn es um eine Party ging, und meistens waren die Eingeladenen mächtig stolz, eingeladen zu sein.

Sara hatte noch nie diese Ehre gehabt, deshalb war die Überraschung groß gewesen, als sie auf ihrem Handy Jos Einladung gelesen hatte. Und nun war es der unheimliche Rasmus gewesen, dem sie das zu verdanken hatte? Sie spürte den winzigen Stich einer Enttäuschung, aber nun war sie einmal da und man würde sehen.

Ihrer Mutter hatte sie erzählt, dass sie mit Mandy ins Kino gehen und dann bei ihr übernachten würde. Es war Freitag, also morgen keine Schule. Nie hätte ihre Mutter ihr erlaubt, zu einer Party zu gehen, die Jo veranstaltete, wusste sie doch, dass er einer von denen war, die Nils das Leben in der Schule nicht gerade einfach machten. Die Lüge war also nötig gewesen und auch nur zum Teil eine Lüge, denn schlafen wollte sie tatsächlich bei Mandy, die ihr schon aufgeregt zuwinkte.

»Hei, bist du endlich da!« Mandy lachte und hob ihr Glas, in dem sich eine merkwürdig grünliche Flüssigkeit befand. »Ich dachte schon, du kommst gar nicht mehr.«

»Meine Mutter«, sagte Sara, »ich hatte noch zu tun.«

Auch das war nur eine halbe Lüge. Ihren Kleiderschrank hatte sie durchprobiert und doch nicht das Richtige gefunden. Eine Leggings war es nun geworden und ein Minirock darüber und ein knappes Top. Mit Mila konnte sie nicht mithalten, aber das konnte keine, war quasi Naturgesetz.

»Hier«, gurrte eine Stimme von hinten, »kleine Sara, was zu trinken für dich!«

Es war Rasmus, sie spürte seinen Körper an ihrem, ein Prickeln durchfuhr sie. Er umfing sie, legte sein Kinn auf ihre Schulter, sie wollte sich freimachen, aber er ließ sie nicht, zog sie mit sich unter einen dieser alten riesigen Bäume, zwang sie, sich zu setzen. Sara schmiegte ihren Rücken an den kühlen Stamm und nahm einen vorsichtigen Schluck aus der Flasche, die Rasmus ihr vorhin in die Hand gedrückt hatte. Es schmeckte bitter und alkoholisch und sie musste husten. Rasmus lachte. »Bist du nicht gewöhnt, oder?«

»Nein«, sagte sie, »bin ich nicht. Ich hätte lieber ein Cola.«

»Zu Befehl!«, rief er, sprang hoch, knallte die Hacken zusammen, stand stramm und machte sich schließlich auf die Suche nach einem Cola. Sara musste lachen. Na ja, dachte sie, vielleicht ist er gar nicht sooo ...

»Nein«, sagte er, als er wiederkam und grinste, »ich bin gar nicht sooo …« Dann prustete er los über ihr verblüfftes Gesicht, ihren offenstehenden Mund. »Das hast du doch gerade gedacht, oder? Vielleicht ist der Arsch gar nicht soooo … ein Arsch?«

Er strich ihr einen Tropfen Cola von der Unterlippe und leckte seinen Finger ab. »Nein«, sagte er leise, fast behutsam, »nein, ich bin gar nicht sooo … ein Arsch.«

Jo kam heran und mit ihm Mila und Fadi. Drüben, auf der anderen Seite des Feuers, tanzten sie. »Guter Sound«, sagte Mila, »wirklich guter Sound.«

Unversehens begann auch sie zu tanzen, eine Waldfee, ein Elfending, ein Zaubervogel, und Sara konnte nicht anders, als sie anzustarren und ihr dabei zuzusehen, wie die dunklen Haare flogen, in ihrem Rücken die Flammen züngelten und Schatten auf ihren Körper warfen.

Wieder drückte Rasmus sich von hinten an Sara. »Na, kleine Sara? Eifersüchtig?«

Sara schwieg, folgte Mila mit den Augen, war ein bisschen müde. Wegen Mila. Wegen allem. »Kleine, süße Sara«, flüsterte Rasmus. Sie spürte seinen heißen Atem an ihrem Ohr und wollte weg von ihm, abrücken von ihm, eine Wand dazwischen, den Baum dazwischen, das Feuer, was auch immer. Aber er ließ es nicht zu, hielt sie fest. »Das mit dir und Jo«, gurrte Rasmus weiter in ihr Ohr, »das wird nix. Das kannst du dir in die Haare schmieren.«

Sara erschrak. Was wusste der?

»Der will nämlich die Mila, unsere wunderschöne Mila!« Rasmus folgte Mila mit den Augen. »Da kannst du nicht mit, Saralein.«

Behutsam strich er mit seinem Finger ihren Hals entlang, dass es kribbelte. »Und außerdem: DICH will ICH!«

Panik ergriff Sara, sie wollte weg, sich lösen von ihm, aber er hielt sie eisern fest, drehte sie zu sich, kam ihrem Gesicht so nahe, dass sie seinen Atem riechen konnte, ein wenig Alkohol, nicht viel. Zugleich sah sie, wie seine Augen kühl wurden, und da wusste sie, er würde zuschlagen. Punktgenau. Es gab etwas, womit er zuschlagen konnte. Und ehe sie in der Lage war, sich zu wappnen, tat er es.

»Und wenn du mich nicht willst«, gurrte Rasmus, »dann bleibt dir ja immer noch Detlef!«

Er lächelte, nahm eine Locke ihres Haars zwischen die Finger und rieb sie in die Luft. »Der gute, alte Detlef. Der bleibt dir, meine kleine Sara. Der bleibt dir fürs Leben.«

Immer noch lächelte er. Zart und sanft lag dieses Lächeln auf seinem Gesicht, und während Sara vergeblich versuchte, dem Schlag auszuweichen, der wie in Zeitlupe auf sie zugecrasht kam, staunte sie gleichzeitig darüber, wie es sein konnte, dass da einer eine solche Zartheit in sein Gesicht brachte, wo er doch versuchte zu töten.

»Aber ich sag's keinem«, flüsterte Rasmus weiter in ihr Ohr. »Versprochen! Wir behalten dein Geheimnis. Wir zwei beide. Meine Sara und ich und ich und meine Sara. Wir behalten es für uns.«

Sein Mund kam ihrem ganz nahe, sie wollte sich abwenden, aber seine Hände hatten sich um ihren Kopf gelegt und hielten ihn fest.

Wieder gurrte er ihren Namen, »Sara, meine Sara«, und dann spürte sie seinen Mund auf ihrem und seine Zunge an ihrer und stieß ihn weg, empört, wütend. Und weil er ein wenig betrunken war, kippte er tatsächlich nach hinten.

Augenblicklich sprang sie hoch und begann zu laufen, durch den Garten, um das Haus herum. Im Rücken hörte sie sein Lachen, er lachte und lachte und hörte nicht auf, und als sie endlich stehen blieb, irgendwo in diesem Viertel, in dem sie noch nie gewesen war, weil es eines für reiche Pinkel war, hörte sie es immer noch, Rasmus'

Lachen. Lärmend und scheppernd hatte es sich in ihre Eingeweide gebohrt und in ihr Hirn und dazwischen blinkte ihr Geheimnis, ihr sauverdammtes Geheimnis, das keiner wissen sollte ... Nils wohnhaft nebenan, Tür an Tür, und als ob das nicht reichte ... Nils im Kindergarten, Nils in der Volksschule und immer mit ihr, Sara, immer, weil ihre beiden Mütter sie zusammengespannt hatten, weil die das süß und niedlich fanden, weil die nichts wussten, NICHTS, nicht die Verzweiflung, nicht den Zorn, nicht dieses fürchterlich Komische und Schreckliche und nun ...

Rasmus hatte alles herausgefunden, wie er immer alles herausfand, wann man aufs Klo ging und wann man seine Tage hatte und wen man verzweifelt und aussichtslos liebte. Dann machte er seine Spiele damit, lachte darüber mit einer Begeisterung, die den Schmerz und die Scham noch vertiefte und ihn, Rasmus, zum Sieger machte. Betrunken wälzte er sich unter den Bäumen in Jos Garten, lachte, lachte, lachte, behielt sein Wissen gerade noch für sich, aber würde es irgendwann benutzen, bis zum Erbrechen, bis zum Sterben, bis in die Hölle hinein.

Irgendwann war Fadi da, seine dunklen Augen, sein geschmeidiger Gang. Er brachte Sara zur Straßenbahn, schweigsam und vorsichtig. Als die Bahn anfuhr, blieb er stehen und schaute hinterher, bis sie nicht mehr zu sehen war.

// CUT //

Mittwoch, einundzwanzigster Juni, Beginn: neun Uhr

Ich hab den Jo geliebt und Nils habe ich verraten.
Pause.
Können Sie das verstehen? Dass man jemanden liebt und man will
es gar nicht ...
    Ja, Sara. Ja, das kann ich verstehen.
Pause.
Ich hab den Jo geliebt, aber ... sein Herz ... ist leer ... und trotzdem ...
Sie lächelt.
Er hat diese Augen, die können strahlen und dich an sich ziehen, und
wenn er lächelt ...
Pause.
... wenn er lächelt ... und das hat er manchmal getan, mich angelächelt ...
MICH ... dann ...
Pause.
Ich sollte nicht darüber reden. Ich schäme mich so.
Pause.
    Nein, Sara, das musst du nicht. Du musst dich nicht dafür schämen,
    dass du liebst.
Pause.
    Wirklich nicht!
Pause.
    Erzählst du mir von Rasmus?
Pause, dann schüttelt Sara den Kopf.
    Und Fadi?
Sara schüttelt den Kopf. Pause.
    Was ist dann passiert?
Pause.

Er machte sich an Mila heran.

Wer?

Na, Nils. Der Nils, der Wahnsinnige! War klar, dass der das nicht überleben würde! Mila war Jos Revier!

Pause.

Es war ungefähr eine Woche nach der Party, da fing es in der Mathematikstunde an, wir hatten die Schularbeit zurückbekommen. Paulsen sagte: Meine liebe Mila, auch dir würde es … und irgendwie so weiter, ich weiß es nicht mehr genau.

// CUT //

»Meine liebe Mila«, sagte Paulsen, »auch dir würde es gut zu Gesicht stehen, wenn du hin und wieder selbiges in deine Bücher stecken würdest.«

»Häh?«, machte Mila.

Paulsen seufzte. »Lernen, meine Liebe! Pauken. Strebern. Saugen. Wie immer ihr das heute nennt. Von nichts kommt nichts!«

»Aber ich versteh's halt einfach nicht«, schmollte Mila. »Ich kapier dieses Formelzeug nicht. Was soll ich überhaupt damit?«

Rasmus streckte seine Beine von sich und pinnte seinen Kaugummi unter die Bank. »Da werden Sie wohl noch mal ran müssen, Herr Paulsen«, sagte er und hatte ein provozierendes Grinsen auf seinem Gesicht und einen lauernden Ton in seiner Stimme. »Das wird Ihnen nicht erspart bleiben. Was, Jo? Findest du nicht auch?«

Jo lachte, machte eine unbestimmte Bewegung mit der Hand.

»Spart euch eure Unverschämtheiten!«, sagte Paulsen. »Ihr habt es gerade nötig!«

Mila klatschte Rasmus, der vor ihr saß, kräftig auf den Hinterkopf. »Haltet die Klappe, ihr Idioten! Ihr versaut mir alles!«

Dann wandte sie sich wieder Paulsen zu. »Also, Herr Paulsen, was machen wir?«

Er holte tief Luft, schüttelte den Kopf. Es war unfassbar. »*Wir* machen gar nichts«, sagte er. »*Du* machst!«

Sie schaute ihre Fingernägel an, völlig unbeeindruckt. »Und was? Herr Paulsen?«

Dann lächelte sie ihn an, hatte Morgentau in ihren Augen oder so etwas Ähnliches, legte ganz leicht ihren Kopf schief. Er seufzte, warf einen Blick durch die Klasse, blieb an Nils hängen.

»Nils«, sagte er und hielt es sofort für eine gute Idee. »Nils wird dir helfen. Nicht wahr, Nils? Du bist doch hier der Beste in Mathematik. Du hilfst unserer lieben Mila. Dass sie die Versetzung schafft. Und uns erhalten bleibt.«

Spöttischer Tonfall, unergründlicher Blick. Er traf erst Mila, dann Nils. Der war erstarrt, wusste nicht, wie ihm geschah, wurde knallrot.

Die Glocke schellte. Paulsen packte seine Mappe und ging aus der Klasse. Scheißkerle, dachte er. Verdammte Scheißkerle! Aber ich krieg euch!

// CUT //

DRITTE BEFRAGUNG // SARA AUSTER
Mittwoch, einundzwanzigster Juni, Beginn: neun Uhr

Scheißkerl, hab ich gedacht, verdammter Scheißkerl! Er hat ihn ausgeliefert. Er hat ihnen Nils ausgeliefert! Können Sie sich das vorstellen?

Pause.

Natürlich weiß ich, dass der Paulsen keine Ahnung hatte. Lehrer haben nie eine Ahnung. Wie auch?

// CUT //

»Also, Detlef«, sagte Mila nach der Schule. Sie war Nils zum Fahrradabstellplatz hinterhergelaufen. »Du hast den Paulsen gehört. Wann machen wir was und was machen wir?«

Nils stand da, ein zu kurz geratener Wicht, schniefte durch die Nase, starrte Mila ins Gesicht.

»Ich heiße Nils!«, sagte er fest und nachdrücklich. Mila schaute ihn verblüfft an. »Nils«, wiederholte er, »ich heiße Nils. Das kannst du dir merken, oder?«

»Ähh«, machte Mila verdutzt. »Äh, ja. Kann ich. Ja. Wenn du meinst. Kein Problem.«

Sie überlegte, schien unschlüssig. Sara kam um die Ecke, ging zu ihrem Fahrrad und nestelte am Schloss.

»Also gut, Niiiils«, sagte Mila schließlich, zog den Namen in die Länge und ihre Augenbrauen hoch. »Dann von vorne. Wie machen wir's also? Wie stellst du dir's vor?«

»Bei mir«, sagte Nils. »Du kommst zu mir und da lernen wir. Morgen fangen wir an.«

// CUT //

DRITTE BEFRAGUNG // SARA AUSTER
Mittwoch, einundzwanzigster Juni, Beginn: neun Uhr

Und dann hat er mich angeschaut und ich hab geglaubt, mein Herz bleibt stehen. Ich hab versucht, so zu tun, als ob ich es nicht gehört hätte, hab mein Fahrrad aus dem Ständer gehoben. Dann hat er es noch einmal gesagt. »Bei mir lernen wir«, hat er gesagt und da hab ich Panik bekommen.

Warum?

Sara schaut zu Boden. Pause.

Na, weil ...

Pause.

Warum hast du Panik bekommen, Sara?

Weil ... weil ...

Sara verstummt, sitzt wie ein Häufchen Elend zusammengesunken auf ihrem Sessel.

... weil ich gedacht hab, was, wenn die Mila mich sieht, was, wenn ich der über den Weg laufe, was, wenn ...

Pause.

Ich wohne doch im Nachbarhaus. Gleich daneben. Und ich wollt doch nicht, dass ...

Pause.

... das jemand erfährt?

Sara sitzt stumm, schaut zu Boden. Pause.

Sara?

Sara nickt.

Pause.

Nein, ich wollt nicht, dass das jemand erfährt. Nicht noch jemand.

// CUT //

»Wow«, sagte Sara und hob das Rad aus dem Ständer. »Was für ein Umstand. Lernt doch einfach hier, gleich nach der Schule.«

Als sie Nils' Blick auf sich spürte, fuhr ihr so etwas wie eine Faust in den Magen, aber sie hielt sich gut, schluckte, brachte sogar ein hastiges Lächeln zustande.

»Was mischst du dich eigentlich ein? Geht dich das irgendwas an? Bist du sein Kindermädchen? Oder meines? Das wüsst ich aber!« Milas Stimme war kalt und knapp. »Also gut, Niiils, dann bei dir. Schick mir deine Adresse!«

Sara versank in ihrer Scham, ihrem Zorn, wusste nicht, was überwog. Mila tänzelte davon. Tusse, dachte Sara, blöde Tusse! Und dabei hatte sie immer wie Mila sein wollen, eine Tänzerin, ein Elfending.

Erneut spürte sie das kräftige Grimmen in ihrem Magen und wusste, kein Hunger, nein, Traurigkeit war, was da umrührte, Traurigkeit und Zorn über sich selbst, über ihre Feigheit und ihr Schweigen und dass das alles sie so schrecklich hilflos machte.

Sara blickte hoch, schaute in Nils' Gesicht, in seine Augen. Kluge Augen, dachte sie, er hat wirklich kluge Augen.

»Geh halt über die Garage raus, wenn du rausgehst«, sagte er. »Ich sage nichts. Ich verrate dich nicht. Hab ich noch nie getan. Kannst ja auch nix dafür, dass unsere Mütter ...«

Kurz ruckelte sein linker Fuß über die Kieselsteine, dann schwang er sich auf das Rad und fuhr davon. Sara schaute ihm hinterher und schluckte. Nein, dachte sie, hat er noch nie getan.

Sie lernten. Und es half.

Jeden zweiten Nachmittag kam Mila zu Nils nach Hause. Drei Wochen lang. Nils hatte eine Engelsgeduld und offenbar pädagogisch-didaktische Fähigkeiten, denn Mila begriff, was ihr in den Mathematikstunden von Herrn Paulsen ein unbegreifbarer Gräuel geblieben war. Alle Gleichungen lösten sich auf, alle Konstruktionen zeichneten sich wie von selbst, alle Textrechnungen entfalteten sich und wurden logisch und klar.

»Du bist ein Genie«, sagte sie am Ende der letzten Nachhilfestunde und schaute Nils bewundernd an. »Wieso kannst du das? Und wieso kannst du das vor allem so gut erklären?«

Nils zuckte die Schultern, war überrascht über dieses Lob, war verlegen. »Keine Ahnung. Ist doch nicht schwer.«

Mila lachte. »Doch«, rief sie, »es ist schwer! Sogar sauschwer!«

Sie sprang auf. »Aber plötzlich ...«

Theatralisch streckte sie ihre Arme in die Luft. »Plötzlich eröffnet sich mir eine mathematische Superwelt! Wenn wir so weitermachen, schaff ich glatt eine Drei!«

Nachdenklich schaute sie Nils an. »Danke, Nils!«

Nils wurde es warm ums Herz. Die schönste aller Frauen stand ihm gegenüber und bedankte sich. Das Leben war gut zu ihm.

»Gehen wir ein Eis essen? Ich lad dich ein!«

Und es wurde immer besser.

»Ja«, strahlte er. »Ja!«

Sie packten zusammen, verließen das Haus, fuhren in die Stadt, marschierten in die Fußgängerzone. Sie mit ihren langen Beinen voran, er schaute, dass er hinterherkam.

»Du hältst mich für ziemlich oberflächlich, oder?«, fragte sie, als sie an der Flusslände in der Wiese saßen, ein jeder mit drei Kugeln Eis in einem Pappbecher und einem Plastiklöffel. Er dachte nach.

Sie riss überrascht die Augen auf. »Oder etwa gar für eine riesengroße Kuh?«

»Nein«, sagte er, »das nicht. Nicht mehr.«

Sie lachte. »Wow«, sagte sie. »Echt so schlimm?«

»Tja«, sagte er. »Du tust viel für deinen Ruf.«

Sie schaute ihn nachdenklich an. Eine Weile schwiegen sie, schleckten das Eis, schauten in den Fluss.

»Du hast es gut«, sagte sie schließlich, »weißt du das?«

Er verschluckte sich fast.

»Ja«, wiederholte sie, »du hast es gut.«

Er schaute sie an, wie vom Autobus überfahren. »Ich? Soll es gut haben? Ich? Der Freak? Der Nerd? Der Spinner, auf den ihr alle spuckt und scheißt? Ich soll es gut haben?«

»Ja«, sagte sie fest, »ja! Weil du was kannst. Weil du deine Begabung gefunden hast. Weil du weißt, was du kannst. Und weil du jetzt weißt, wo du hinmusst. Später. Nach der Schule.«

Immer noch Autobus. Immer noch überfahren.

»Schau mich doch an«, fuhr sie eifrig fort, »und was du mit mir geschafft hast!«

Er begann zu staunen.

»Du bist so klug«, sagte sie, »und du hast die Gabe, diese Klugheit weiterzugeben. Der Paulsen, der ist auch klug. Aber er kann es nicht weitergeben. Zumindest nicht an Leute wie mich. Aber du ... du kannst das.«

Er staunte.

»Mach den Mund wieder zu«, sagte sie und grinste. »Ich hab keine Lust, mir deine Mandeln anzuschauen.«

»Ähh«, machte er, »meinst du das ernst?«

»Was? Das mit deinen Mandeln?«

»Pffff!« Nils verdrehte die Augen.

»Klar«, sagte sie, »mein ich das ernst. Würde ich es sonst sagen?«

Er blickte angestrengt auf den Fluss, dann zuckte er die Schultern. »Keine Ahnung.«

»Schau mich doch an«, fuhr sie fort. Gerne, dachte er, gerne.

»Ich meine, ich gehöre nun einmal nicht zu den ganz Klugen, aber einer wie du kann sogar mir was beibringen. Der Paulsen, wie gesagt, hat das nicht geschafft.«

Er staunte. Immer noch. Wieder. Diesmal mit geschlossenem Mund. Aber genauso ausdrücklich.

»Ich«, sagte Mila, »ich habe keine Ahnung, was ich später mal machen werde. Echt, keine Ahnung. Ich kann nichts besonders gut. Ich habe keine besondere Begabung. Ich bin absoluter Durchschnitt.«

Durchschnitt, dachte er, Durchschnitt?? Mila: Durchschnitt??

»Du bist doch nicht Durchschnitt«, sagte er heftig, »du bist alles andere als Durchschnitt! Du bist ... du bist ... schön! Wunderschön!«

Er starrte sie an, sie verstummte und senkte den Kopf. »Ja«, sagte sie kleinlaut, »ja, vermutlich bin ich das. Schön. Aber was ist das schon? Einen Nobelpreis werde ich damit nicht gewinnen.«

»Stimmt«, sagte er und grinste, »den Nobelpreis kriegst du sicher nicht!«

»Boahh«, sagte sie und boxte ihn in die Seite, »du bist ja richtig gemein!«

»Nein«, sagte er lachend und fing ihre Hand ein, »nicht gemein, nur ehrlich. Aber wer weiß, wenn ich weiter mit dir lerne, vielleicht entwickelst du dich! Immerhin weißt du ja schon, dass es sowas wie einen Nobelpreis überhaupt gibt!«

»Ja«, schrie sie lachend und entwand ihm ihre Hand. Er lachte auch, es war wie ein Flash, sie konnten nicht aufhören. Irgendwann ging es wieder.

»Also im Ernst jetzt«, sagte sie und wischte sich die Lachtränen aus den Augen, »du hast deinen Weg vor dir. Du musst ihn einfach nur gehen. Darum beneide ich dich.«

Sie redete und redete und er schaute ihr dabei zu und fragte sich, warum er sich so wohl fühlte in ihrer Gegenwart und warum sie plötzlich keine Tusse mehr war und dass plötzlich alles so leicht und klar und einfach schien, sein Leben, die Schule, die anderen.

Plötzlich kam sie ihm ganz nahe und fuchtelte mit ihren Händen vor seinen Augen herum. »Halloooooo?! Erde an Nils?! Sind wir noch da?!«

Er nickte lächelnd. »Ja. Jaja.«

»Gut«, sagte sie so streng, wie Frau Degenhard in ihren besten Momenten nicht. »Dann wirst du mir sicher wiederholen können, was ich dir jetzt gerade gesagt habe.«

»Nein«, sagte er bedauernd, »kann ich nicht. Ich habe keine Ahnung, was du da gerade alles gebrabbelt hast.«

»Gebrabbelt?! Ohh!«

Wieder boxte sie ihn und er schützte sich mit den Händen, mit den Armen.

»Ja«, grinste er, »gebrabbelt! Und übrigens: Du hast auch eine besondere Gabe.«

»Aha«, machte sie, »und die wäre?«

»Die Dinge leicht zu machen«, sagte er und war plötzlich sehr ernst, »leicht und einfach. Das ist eine gute Gabe.«

Nun war es an ihr zu staunen. Man machte ihr viele Komplimente, aber solche nicht. Das machte sie verlegen. Das war sie nicht gewöhnt.

»Also gut«, sagte sie schließlich, und er fand es wunderbar und bezaubernd, dass sie ein winziges bisschen rot geworden war. »Dann fasse ich meine Erkenntnisse jetzt für dich noch einmal zusammen! Dass auch einer wie du das versteht!«

Rasch setzte sie ihr strenges Gesicht wieder auf und schoss den rechten Zeigefinger heraus. Er musste an sich halten, um nicht gleich wieder loszuprusten. »Also, du musst natürlich Mathematik studieren! Und dann Lehrer werden! Und ich schick dann meine Kinder zu dir!«

Sie legte den Zeigefinger an die Lippen und überlegte weiter. »Außer du willst Geld verdienen. Ich meine, RICHTIG Geld verdienen. Das kannst du als Lehrer vermutlich nicht. Da solltest du dann besser bei Jo anheuern und ihm die Kalkulationen oder irgend sowas machen. Ich bin überzeugt davon, das kannst du auch.«

Sie kicherte. »Aber vermutlich nicht so gerne bei Jo. Oder?«

Sie schleckte den Löffel ab, stellte den Becher beiseite und strahlte Nils an, als erwarte sie nun eine Belobigung angesichts der wichtigen Erkenntnisse, die sie für ihn gewonnen hatte. Und setzte noch eins drauf. »Eigentlich solltest du dich beim Paulsen bedanken. Denn der ist schuld daran, dass wir all das jetzt wissen.«

»Pfff«, machte Nils leicht empört, »so weit kommt's noch!«

»Na ja«, sagte Mila, »ist aber tatsächlich so.«

Sie lächelte und legte sich zurück ins Gras.

Er schaute ins Wasser. »Ja«, sagte er leise, »ja. Vielleicht ist das alles so, wie du sagst. Und ja, vielleicht sollte ich mich beim Paulsen bedanken.«

Ein eigenartiges Ziehen im Bauch schreckte ihn auf, es war wie ein Sehnen und noch wusste er nicht, wonach. Vorsichtig drehte er sich zu Mila um. Sie hatte die Augen geschlossen, man konnte sie ungestört betrachten und er tat es. Kleine Schweißperlen glitzerten auf ihrer Stirn und oberhalb ihres Mundes schimmerten winzig feine, weiße Härchen. Wie Babyflaum, dachte Nils entzückt, wie feiner, süßer Babyflaum. Und wusste nun, wo seine Sehnsucht hinwollte.

Als spürte sie seine Blicke, drehte sie ihr Gesicht zur Seite und legte ihren Arm darüber. Er seufzte lautlos. »Aber bei all deinen Überlegungen hast du vergessen, dass ich hässlich bin.«

Sie drehte sich zurück und öffnete die Augen. »Na und«, sagte sie leichthin. »Männer müssen nicht schön sein. Frauen müssen. Männer nicht.«

Er starrte sie verblüfft an. So einfach war das? Ächzend richtete sie sich auf. »Und außerdem, sooo hässlich bist du gar nicht.«

Sie legte die Stirn in Falten und musterte ihn von oben bis unten. »Es sind nur die Ohren. Und was du für Sachen anziehst. Und die Frisur. Und dass du klein bist wie ein Zwerg.« Sie zwinkerte ihm zu. »Aber das kann sich ändern, wir sind ja noch im Wachsen!«

»Ja«, sagte er und konnte schon wieder lachen. Über sich. Und die Welt. Und Mila. Und das Leben. »Besonders du, du Riesin! Wie groß bist du eigentlich mittlerweile? Zwei Meter zehn?«

»Boahhh!!«, platzte sie lachend heraus. »Ich zeig dir gleich meine Zweimeterzehn!!«, und begann ihn zu hauen. Ihm ein paar reinzuboxen. Auf die Arme, gegen die Schultern, auf die Beine. »He«, machte er, »wieso haust du mich ständig? Du alte Schlägerin du!«

Er wehrte sich, schnappte ihre Hände, hielt sie fest, sie lachten, prusteten, rangelten.

Irgendwann lagen sie schwer atmend nebeneinander im Gras mit weitausgebreiteten Armen und Beinen und boten sich der Sonne dar. Irgendwann kam die Wärme. Und die Stille. Vielleicht war er eingeschlafen und die Stille kam deshalb. Vielleicht kam sie aber auch einfach so. Er wusste es nicht und es war auch egal. Die Stille kam, füllte ihn aus, machte ihn satt und weich und alles war gut. Er schaute in den Himmel. Danke, dachte er, danke, wer immer da hinter den Wolken sitzt, hinter dem Blau, danke für das hier.

Irgendwann drehte er sich zur Seite und schaute Mila an, die lag mit geschlossenen Augen wie ein langes, dünnes Rufzeichen. Leise und regelmäßig ging ihr Atem.

Nils nickte zufrieden. Wie schön das alles gerade war. Ob sich Glück so anfühlte?

»Wir haben in England gelebt«, sagte er leise, weil Mila offensichtlich schlief und er sie nicht wecken wollte. »Drei Jahre lang.«

Staunend hörte er sich und dem, was er da sagte, zu. Staunend, weil er das erzählte und ausgerechnet Mila, aber sie schlief ja. Und seit heute schien sowieso alles anders.

Sie schlief nicht. Sie öffnete die Augen und wandte sich ihm zu. »Echt? Das wusste ich gar nicht.«

Er rupfte sich einen Grashalm und kaute daran. »Das weiß fast niemand.«

»Wann?«

»Bis vor einem Jahr. Bis ich zu euch in die Klasse kam.«

»War's schön da?«

Er überlegte, kaute am Grashalm. »Ja, schon irgendwie. Irgendwie entspannter, ruhiger. Ich weiß auch nicht.«

»Mit deinen Eltern?«

»Mit meiner Mutter.«

»Aha.«

Sie schwiegen. Mila tastete nach dem Handy. »Wow«, sagte sie, »schon fünf! Da haben wir fast eine Stunde verdöst. Und du wirst morgen Sonnenbrand haben.«

»Ja«, sagte er, »vielleicht.«

»Warum seid ihr da hin, nach England«, fragte sie, »und warum wieder weg?«

Er schaute sie an und zuckte die Schultern. »Lange Geschichte. Hat mit meiner Mutter und einem Mann zu tun.«

Sie nickte verständnisvoll. »Solche Geschichten haben immer

mit einer Mutter und einem Mann zu tun. Oder mit einem Vater und einer Frau. Oder mit einer Mutter und einer Frau. Oder mit einem Vater und einem Mann.«

Sie lachte kurz. »Und dann«, fuhr sie fort, »dann kommst du ausgerechnet zu uns.«

»Ja«, sagte er, »ausgerechnet.«

»Schlimm?«

»Ja«, sagte er, »schlimm.«

Sie schwiegen, plötzlich bedrückt.

»Die Prüfung morgen«, sagte er, »die schaffst du locker.«

Sie nickte. »Ja.«

»Und dann musst du nicht mehr lernen kommen.«

Sie schüttelte den Kopf. »Nein, muss ich nicht mehr.«

»Diese England-Geschichte«, sagte er, »vielleicht kann ich sie dir ja trotzdem mal erzählen. Ich meine, wenn du sie hören willst.« Er zuckte die Schultern. »Ich meine, sie ist nichts Besonderes. Nur so eine Mutter-Mann-Geschichte halt.«

Wieder nickte sie. »Auf alle Fälle!«

Wieder Schweigen, noch einmal Schweigen. Krampfhaft überlegte Nils, was er noch sagen konnte, was ein gutes Thema wäre, weil es plötzlich schwierig und komisch war. Aber sie kam ihm zuvor. »Vielleicht«, begann sie vorsichtig, »vielleicht solltest du einfach ein bisschen ...«

»Was?«

Sie zuckte die Schultern. »Hast du nächste Woche mal Zeit zum Einkaufen? Cooles Gewand für dich?«

»Wie?«, fragte er und begann sich vorsichtig zu freuen. »Mit dir?«

Sie nickte. »Klar. Hab ich doch gesagt. Wir haben doch jetzt einen Deal.«

»Aha«, machte er, »haben wir?«

»Ja«, sagte sie und grinste, »du machst mich klug und ich mach dich schön.«

Er spürte, wie ihm warm im Bauch wurde. »Okay«, sagte er, »dann hast du ohne Zweifel das schwierigere Los gezogen.«

»Ach was«, sagte sie und boxte ihn wieder. »Sei nicht so blöd!« Kurz überlegte er, wo überall er morgen blaue Flecken haben würde.

Sie packte ihre Sachen zusammen, stand auf, ging voraus, er hinterdrein. Sie wanderten ein Stück den Fluss entlang Richtung Bushaltestelle. Sie schwiegen, jeder in seinen Gedanken. Er jedenfalls war gefangen. Von dem, was sie alles gesagt hatte. Von dem, dass sie eigentlich keine Tusse war, zumindest nicht vor ihm. Und er wagte es, traute sich, begann zu träumen.

Irgendwann brach er das Schweigen. »Weißt du«, begann er vorsichtig, »ich habe das Gefühl, dass ...«, und schaute sie von der Seite an. Sie blieb stehen, schüttelte den Kopf. »Nein«, sagte sie, »lass das!«

»Aber du weißt doch gar nicht, was ...«

»Doch«, sagte sie, »ich glaube schon, dass ich das weiß. Und ich weiß auch, dass ich ... nicht ... das Gefühl habe, dass ...«

Sein Kopf fiel ihm auf die Brust, er spürte die Enttäuschung. Wie ein dunkles, brennendes Band floss sie durch seinen Körper.

»Wegen Jo?«

Sie überlegte. Er schaute auf die Linie ihrer Beine und dachte, dass er selten etwas so Schönes gesehen hatte und dass ihm das aber nichts, rein gar nichts nützen würde. Wie im Museum war das, nur schauen, nichts berühren, schon gar nichts bekommen, noch weniger besitzen. Scheiße war das.

»Ist es wegen Jo?«

Sie schüttelte den Kopf. »Nein«, sagte sie, »es ist nicht wegen Jo. Ich glaube nicht, dass es wegen Jo ist. Es ist wegen ...«, sie zögerte, »es ist wegen, weil es halt so ist.«

Hilflos zuckte sie die Schultern. »Ich muss den Bus erwischen!« Und weg war sie.

Er schaute ihr nicht hinterher, er schaute in den Fluss, der heute eine merkwürdige Farbe hatte, bräunliches Grün, wenn es das gab. »Die Prüfung morgen«, sagte er irgendwann ins Wasser hinein, »die schaffst du locker.«

// CUT //

DRITTE BEFRAGUNG // SARA AUSTER
Mittwoch, einundzwanzigster Juni, Beginn: neun Uhr

Ich weiß nicht, woran es lag, dass er die Übersicht verlor. Dass er nicht wusste, wann es genug war. Dass er immer mehr wollte. Mehr von Mila. Mehr von allem.
Sie lernten. Und es half. Und Mila freute sich. Und war ihm dankbar. Und gab ihm etwas zurück. Zuneigung. Freundlichkeit. So was halt.
Aber er?
Pause.
Schätzte falsch ein. Alles. Was sie ihm gab. Die ganze Situation.
Pause.
Wie konnte er denn nur glauben, dass er und Mila ...

// CUT //

Sie schaffte die Prüfung mit Bravour und so, dass Herr Paulsen seinen imaginären Hut vor ihr zog. »Chapeau, Madame«, sagte er, »wie hast du denn das gemacht?«

Sie strahlte, wandte sich zur Klasse und schaute Nils an. »Ich hatte einen tollen Lehrer!«

»Aha«, sagte Paulsen und wirkte sehr zufrieden, obwohl ihm klar war, dass sie damit nicht ihn meinte. »Dann muss ich wohl auch dir gratulieren, Nils! Gut gemacht, ihr zwei! Gutes Team!«

Die Glocke läutete zur großen Pause, Herr Paulsen packte seine Tasche und verließ die Klasse.

»Gut gemacht, ihr zwei!! Gutes Team!!«

Rasmus kam nach vorne geschlendert, hatte ein verächtliches Grinsen aufgesetzt. »Unser kleines Genie hier hat der Mila also die Zahlen beigebracht. Das ist doch schön!«

Er schlug Nils auf die Schulter, dass es krachte. Nils zuckte zusammen, schwieg, hoffte, dass das diesmal alles war. Es war diesmal alles. Rasmus folgte Jo und Fadi zur jubelnden Mila. Gemeinsam gingen sie hinaus in den Schulhof.

»Lass es sein«, sagte Sara, »lass es jetzt gut sein! Komm ihnen nicht in die Quere! Das bekommt dir nicht!«

Bevor Nils etwas erwidern konnte, war auch sie an ihm vorbei und draußen bei der Tür. Die Sonne lockte.

Nils ging zum Fenster, kaute nachdenklich an seinem Jausenbrot, hielt nach Mila Ausschau. Dort war sie. Umringt von ihrer Clique, glücklich, lachend. Nils holte das Handy heraus, schrieb eine Nachricht und drückte auf *Senden*. Gespannt schaute er dann aus dem Fenster.

Sie reagierte nicht gleich, hatte den Ton wohl nicht gehört, erst, als Rasmus sie antippte und gegen ihre Tasche nickte. Da holte sie es heraus, das Handy, und schaute nach.

Heute Nachmittag, wusste Nils, dass sie nun auf ihrem Display las, *heute Nachmittag einkaufen?*

Einen Augenblick länger als nötig hielt Mila das Handy noch in der Hand, bevor sie es schloss und zurück in ihre Tasche steckte. Dann drehte sie sich wie zufällig um und blickte zu Nils am Fenster. Rasmus auch.

Ihre Antwort kam Stunden später, als er schon zuhause vor dem Fernseher saß und die Zeit vergehen ließ. *Geht heute nicht,* hatte sie geschrieben, *nächste Woche.*

Geht heute nicht, dachte er, *nächste Woche.* Scheiße! Wann würde *nächste Woche* sein?

Sie feierten Milas bestandene Prüfung. Bei Jo. Wie immer. In Jos Garten. Da ließ sich gut feiern. Diesmal keine große Runde, nur die Jungs und Mila. Mila hatte Kuchen gebacken, Mathilde, die Haushälterin, hatte Würstchen zum Grillen über dem Feuer und Ciabatta besorgt, Rasmus brachte ein Sechserpack Bier mit, Fadi nur sich selbst. Jo hatte das Feuer schon entfacht, er war hungrig, nicht nur auf Essen, auch auf Mila. Die streunte im Garten herum, den liebte sie, fand die Bäume so schön und den Schwimmteich und überhaupt alles.

Mathilde brachte ihnen noch eisgekühlte Limonade, dann ging sie nach Hause. Sie waren allein. »Wo sind deine Eltern?«, fragte Fadi. Jo zuckte die Schultern. »Firmenfeier oder sowas. Keine Ahnung. Die werden nicht vor eins da sein.«

»Gut«, sagte Rasmus und kappte eine Flasche Bier. »Dann haben wir also sturmfreie Bude.«

Sie hatten oft sturmfreie Bude bei Jo. Jos Vater verbrachte den Großteil seiner Zeit im Konzern oder in auswärtigen Konzernniederlassungen oder in angehängten Nebenkonzernen oder war in Konzernangelegenheiten unterwegs oder vergnügte sich mit Konzernangestellten, das war alles nicht so klar, bloß, dass er um sieben aus dem Haus ging und selten vor neun wiederkam.

Ähnlich verhielt es sich mit Jos Mutter, sie war eine der Anwälte des Konzerns, was praktisch war, weil alles in der Familie blieb. Jos Schwester Anne war im zweiten Jahr an der Harvard Business School, unmittelbar nach Abschluss ihres Studiums würde auch sie in den Konzern einsteigen. Jo stand das ebenfalls bevor. Ohne dass man ihn jemals gefragt hatte, ob er das wollte. Es war beschlossene Sache seit seiner Geburt. Nein, seit vor seiner Geburt. So wie es für seinen Vater beschlossene Sache gewesen war und davor für dessen Vater. Von nichts kam nichts. Wenn man etwas hatte, musste man schauen, dass man es sich erhielt. Also musste zugepackt werden und in Jos Familie konnte man das. Außerdem gab es wohl Schlimmeres, als mit dem goldenen Löffel im Mund geboren worden zu sein.

Gegen Jo und Fadi waren Rasmus und Mila arme Schlucker. Rasmus' Mutter war Opernsängerin und oft hatte Rasmus den Kopf voll mit Tönen, die er nicht mochte. Sein Vater schrieb seit zehn Jahren an seinem ersten Roman. Nebenbei verfasste er Artikel für eine Regionalzeitung. Es war nicht so, dass sie am Hungertuch nagten, aber dick hatten sie es nicht.

Milas Eltern betrieben ein Restaurant in der Innenstadt. Zwei Straßen weiter wohnten sie. Das war praktisch, aber eng. Zu dritt auf siebzig Quadratmetern im ersten Stock ohne Garten. Immerhin hatten sie einen Balkon, aber der ging zur Straße und da hatte man selten Lust, draußen zu sitzen. Früher waren sie fünf gewesen, aber Milas ältere Schwestern hatten, so rasch es ging, das Weite gesucht.

Das Restaurant war bekannt für seine gute regionale Küche und das besondere Flair im Gastraum, für das Milas Mutter verantwortlich war. Manchmal erzählte Milas Vater von seiner Kindheit auf dem Land, von dem großen Gemüsegarten, den Rosensträuchern, den vielen Düften und Gerüchen. Erdbeeren, Rosmarin, Fenchel, Petersilie. Kühe, Schafe, Pferde. Frisch gemähtes Gras im Nieselregen. Frisches Heu.

Der Bauernhof der Großeltern war zweihundert Kilometer weit weg, selten nur kam Mila dahin, aber wenn, dann war sie immer wieder wie verzaubert. So wie sie verzaubert gewesen war, als sie das erste Mal Jos Garten betreten hatte. Es hatte geregnet, ein leichter Sommerregen, und kurz zuvor hatte jemand den weitläufigen Rasen gemäht. Mila hatte die Sandalen ausgezogen, die Augen geschlossen, sie spürte das Gras zwischen den Zehen, die leichte Kühle, die Nässe, und fort war sie. Zweihundert Kilometer weit weg auf der Wiese vor dem Hof, nur der Duft der Kräuter fehlte.

Vor einem guten Jahr endlich hatte sie sich ein Herz gefasst und Jos Mutter gefragt, ob sie ein kleines Kräuterbeet anlegen dürfe, ein kleines nur. Jos Mutter hatte gelacht und nichts dagegen gehabt. Also war sie durch den Garten gestrichen, um den besten Platz auszusuchen. Dann rückte sie mit Spaten und Schaufel an, die sie völlig verstaubt im Schuppen hinter der Villa gefunden hatte, stach den Fleck Erde um, legte ein Beet an und verbrachte von da an viele ihrer Nachmittage auf Knien in Jos, nein, in *ihrem* Garten.

Bald wurde sie zu Mathildes Liebling, weil sie mutig gegen Schnecken und Unkraut kämpfte, und alles, was sie aussäte, wuchs und gedieh. Von *klein* war im Übrigen keine Rede mehr, die Kräuter waren in mehrere Töpfe gewandert, in drei großzügig angelegten Beeten sprossen Gemüse, Salat und Erdbeeren, und als ob das noch nicht genügte, schleppte Mila irgendwann eine seltene Rosenstaude an, die sich nun einen Kletterbogen hochrankte, der gewissermaßen das Tor zum Garten bildete.

Eines Tages war Jos Mutter mit einer Tasse Kaffee in der Hand herangeschlendert, hatte sich neben die kniende Mila gestellt und ihr beim Unkrautjäten zugeschaut. »Und was kostet mich das alles?«, fragte sie schließlich. Mila erschrak, fürchtete, dass nun alles vorbei war. »Nichts«, sagte sie, »das kostet Sie natürlich gar nichts! Das bezahle alles ich!«

Jos Mutter schüttelte den Kopf. »Aber natürlich tust du das nicht! Du glaubst doch nicht, dass ich zulasse, dass du all diese wunderbaren Sachen von deinem vermutlich nicht sehr hohen Taschengeld bezahlst! Wo kämen wir denn da hin?«

Milas Protest würgte sie kurzerhand ab. »Entweder du sagst mir bis zum letzten Cent, was du bis jetzt ausgegeben hast, und lässt es mich bezahlen, oder mit der ganzen Sache hier ist Schluss.«

Und dann packte sie Mila mit ihren erdverkrusteten Knien und Händen in ihren Mercedes und fuhr mit ihr zum nächsten Gartenmarkt, wo sie einkauften, was Mila noch so brauchte. Seither gab es ein »Budget«, in dessen Rahmen sich Mila bedenkenlos bewegen durfte. Somit bekam der Garten bald weiteren Zuwachs in Form einer lebendigen Umzäunung durch Ribisel- und Brombeersträucher und niemand wagte zu prognostizieren, wo das noch hinführen würde.

Im Gegensatz zu seiner Mutter und Mathilde, die Milas Gartenaktionen wunderbar fanden, waren sie Jo ein Dorn im Auge. Er fand, der Garten zweige viel zu viel ihrer Aufmerksamkeit ab, die doch besser ihm gehören sollte, und manchmal fragte er sich, was der Hauptgrund war, dass Mila immer wieder kam, er, die Clique oder der Garten. Heute wollte er es wissen. Heute wollte er den Beweis haben, dass er es war.

»Jetzt komm schon, Mila!«, rief er ungeduldig in Richtung des kleinen, abgeschotteten Areals, in dem Mila noch damit beschäftigt war, dem Salat gut zuzureden, weil Schnecken ihn ein bisschen angefressen hatten und er müde seine Blätter hängen ließ.

»Ja«, rief sie zurück, »ich komme gleich!«

Sie stand auf, ging hinüber zur Rosenstaude und strich flüchtig über ihre Köpfchen. »Ich habe bestanden«, sagte sie und lächelte, »hörst du, meine Schöne, ich habe die Prüfung bestanden. Kein zusätzliches Jahr!«

Und als ob die Rosenköpfchen Mila verstünden, schmiegten sie sich liebevoll in ihre Hände.

Ein kleines Geräusch ließ sie aufhorchen. Sie drehte sich um, da stand Rasmus mit einem Bier in der Hand und einem Grinsen im Gesicht.

»Rasmus!«, sagte sie. »Was schleichst du dich so an! Manchmal bist du mir richtig unheimlich!«

»Ich schleich mich nicht an, Prinzessin«, grinste er. »Du hast mich bloß nicht gehört, weil du mit diesem ...«, ungeduldig fuchtelten seine Hände in Richtung der Rosen, »... Unkraut hier geredet hast!«

Mit einem abfälligen Ausdruck im Gesicht schüttelte er den Kopf. »Einen Knall hast du schon, oder?«

Sie zuckte die Schultern. »Na und!«, sagte sie kalt. »Ist ja wohl mein Knall!«

»Jetzt komm schon«, lenkte er ein, »unser Hochwohlgeboren wird schon ungeduldig. Du willst ihn doch nicht vergrämen?«

»Unser Hochwohlgeboren kann mich mal ein bisschen«, sagte sie, »denn, wie du richtig bemerkt hast, bin *ich* hier die Prinzessin.«

Rasmus streckte die Arme von sich. »Alles klar! Macht euch das unter euch aus.«

»Es gibt nichts auszumachen«, sagte sie und runzelte die Stirn. Rasmus seufzte. »Ach nein? Weiß er das auch?«

Sie musterte ihn kurz und dachte, dass er manchmal so schleimig war wie eine ihrer Schnecken und was es wohl für ein Mittel gegen ihn gäbe und ob Hausmittel reichen würden oder ob es etwas Stärkeres bräuchte.

»Wo bleibt ihr denn!«, sagte Jo schlecht gelaunt, als sie am Feuerplatz ankamen. »Ich habe Hunger!«

Später hallte Techno durch den weitläufigen Garten und Rasmus war glücklich. Das waren die Töne, die er in seinem Kopf haben wollte, nicht Manons Liebesgesäusel oder Carmens Lamentiererei bis zum Tod.

Rasmus hatte Angst vor dem Tod, und er hasste es, wenn seine Mutter auf der Bühne starb, aber das konnte er ihr nicht sagen. Und da er nicht sicher war, ihre Tode tränenlos zu überstehen, ging er einfach nicht mehr hin. Er wusste, dass sie das kränkte, dass sie ihren Sohn bei ihren Premieren gerne dabeihaben wollte, aber es ging nun mal nicht.

Davon abgesehen dachte er viel lieber an Sara als an seine Mutter, an die kleine, süße Sara, die sich immer noch gegen ihn sträubte, aber es würde ihm schon was einfallen. Ihm fiel immer was ein.

Fadi hingegen fiel nicht immer was ein. Fadi fühlte sich merkwürdig kraftlos, merkwürdig hilflos. Es hing etwas in der Luft, etwas Gefährliches, und er wusste nicht, was. Das machte ihn unruhig und wütend. Während er an der Zigarette sog, beobachtete er Jo und Mila, die auf der anderen Seite des Feuers saßen und miteinander redeten. Es wirkte ein wenig wie Streit, aber vielleicht täuschte er sich. Fadi schaute quer durch die Flammen, da verschwammen die Bilder, wurden rot und gelb, machten ihn endlich ruhig, fast schlief er ein.

Sie liebten das Feuer, die vier, sie liebten es, wenn die Flammen hochzüngelten und allmählich die Holzscheite zerfraßen, bis sie als schwarze Kohlenstöcke zurückblieben. Dann konnte man noch lange stochern, bis auch sie zerfielen und die schimmernde Glut ein letztes Mal hochstob.

»Ich geh jetzt«, sagte Mila. »Ist schon spät. Kommst du, Fadi?«

Fadi war auf der Stelle hellwach, nickte, stand auf. Sie hatten den gleichen Heimweg, zumindest das erste Stück. Es war ein stillschweigendes Übereinkommen, dass sie, wenn es dunkel war, gemeinsam nach Hause gingen, alles andere hätten Milas Eltern nicht erlaubt.

»Bleib doch noch«, sagte Jo, »du kannst auch hier übernachten!«

»Nein«, sagte sie, »lass! Du weißt genau, dass ich das nicht kann!«

Doch er war stur. »Warum nicht!? Ist doch nichts dabei. Du bist doch keine zwölf mehr. Ich will dich heute hier haben!«

»Meine Eltern aber nicht«, sagte sie. »Weißt du noch, ich habe Eltern, Jo, und die werden die Hölle in Bewegung setzen, wenn ich nicht in einer Stunde zuhause bin.«

»Ruf sie an«, sagte er, nein, befahl er.

Mila war sprachlos. »Spinnst du?!«

»Nein«, sagte er scharf, »ich spinne nicht und ich will dich heute hier haben!«

Er hatte ein bisschen zu viel getrunken und er war zornig, weil sie sich ihm widersetzte, weil sie das ständig tat, weil sie diese blöden Rosen streichelte und nicht ihn. Mühsam hievte er sich hoch und zog sie an sich. Sie wehrte sich, aber er war stärker und er wollte endlich, endlich, endlich einen Kuss und wenn sie ihm den nicht freiwillig gab, dann musste er sie eben dazu zwingen. Das war kein großes Problem, fand er.

Sie aber. Sie fand, dass es auf alle Fälle ein Problem war, ein ziemlich großes sogar, und also knallte sie ihm eine, als er ihr zu nahe kam und seine Zunge in ihren Mund schieben wollte. Sie knallte ihm eine und er war so überrascht, dass er zurückstolperte und wie versteinert stehen blieb.

»Du hast es versaut«, sagte Mila und ihre Stimme war wie Eis. »Du bist ein Arschloch! Verpiss dich!«

Sie ging. Nicht zu schnell, nicht zu langsam. Gemessenen Schrittes konnte man sagen. Und hocherhobenen Kopfes. Aber zitternd. Und weinend. Nicht wegen Jo. Wegen des Gartens. Wegen der Rosenstaude. Wegen des Selleries und der Petersilie. Wegen der Gurken und des Korianders. Sogar wegen der Schnecken. Weil die nun keinen Widerstand mehr spüren würden. Weil die nun alles Gemüse erobern und sich fett und schleimig fressen würden. Wegen des Gartens war sie immer wieder gekommen. Nicht wegen Jo. Das wusste sie jetzt. Wegen des Gartens weinte sie. Weil sie jetzt nicht mehr kommen würde, nicht mehr kommen konnte.

Als sie hinter sich Schritte hörte, drehte sie sich um, panisch, fürchtete, Jo wäre es, aber es war Fadi. Beschwichtigend hob er die Arme. »Alles gut! Ich bin es! Nur ich!«

Schweigend gingen sie zur Straßenbahn, Mila immer einen halben Schritt voraus, und irgendwann auf diesem Heimweg dachte Fadi, dass es wohl sein Schicksal war, den Mädchen aus Jos Garten hinterherzulaufen wie ein kleiner schweigsamer Hund, der sich zwar die Lippen lecken durfte, aber sonst nichts abbekam.

Nächste Woche kam dann doch schnell, sehr schnell, schneller als gedacht, *nächste Woche* kam schon am übernächsten Tag. Nils staunte und freute sich. Doch zu früh. Und zu sehr. Denn es war nicht wie erwartet. Es war nicht lustig, schön und entspannt wie der Nachmittag am Fluss. Es war anstrengend und peinlich.

Sie trafen sich in der Stadt. Nils wartete auf Mila an der Straßenbahnhaltestelle und als sie ausstieg und auf ihn zukam, wusste er sofort, dass das nichts werden würde. Sie wirkte verschlossen und abweisend, fast traurig und er fragte sich erschrocken, was er tun konnte und ob es seine Schuld war.

»Lass uns anfangen«, sagte sie. »Ich habe nicht so viel Zeit.«

»Okay«, sagte er, »sollen wir verschieben? Besser morgen?«

Sie schüttelte den Kopf. »Nein, wir haben das doch ausgemacht. Also los!« Schweigend gingen sie nebeneinander her und Nils fragte sich bangen Herzens, ob das hier das gleiche Mädchen war, das mit ihm am Fluss gerangelt und gelacht hatte.

Sie fanden nichts. Keine passenden T-Shirts, keine passenden Jeans und Shorts, keine coolen Sneakers. Nils schämte sich, wenn er aus der Kabine kam, Milas Blicke ihn ungeduldig maßen und sie dann erbarmungslos den Kopf schüttelte. Nerd bleibt Nerd, dachte er enttäuscht, und Freak bleibt Freak, da kann man wohl nix machen.

Nach dem dritten Laden brach Mila ab. »Liegt nicht an dir«, sagte sie, »liegt an mir. Sei nicht böse.«

Wie konnte er böse sein? Sie verschwendete ihre Zeit für ihn! Sie hatte sicher Besseres zu tun!

»Alles gut«, sagte er.

»Ein anderes Mal«, sagte sie und er nickte, aber insgeheim wusste er, dass es vermutlich kein anderes Mal geben würde. Einen letzten Versuch startete er, sie doch noch zu halten. »Magst du ein Eis? Diesmal lade ich dich ein! Wir könnten uns wieder …«

Sie schüttelte den Kopf. Ohne Zögern. Und das tat ihm am meisten weh, dass sie nicht einmal überlegen musste, dass alles schon feststand.

»Kein guter Tag heute«, sagte sie. Er schluckte und kaute an seiner Spucke herum. »Okay«, sagte er, »wie du meinst.«

Dann ging sie die Fußgängerzone hinunter zur nächsten Haltestelle. Scheiße, dachte Nils, verkackt!

Er drehte sich um und marschierte in die Gegenrichtung. Plötzlich ein Gesicht, das er zu kennen glaubte, flüchtig, auf der anderen Straßenseite, ein Gang wie Rambo, Hände in den Hosentaschen. So schnell wie der Bursche aufgetaucht war, war er in der Menschenmenge verschwunden. Nils riss die Augen auf. War das Rasmus gewesen? Rasmus, der Spürhund?

Missmutig stocherte Jo im Feuer. Es gab nur einen, der Schuld hatte. Und sie würden das jetzt regeln, ein für allemal.

»Was ist?«, fragte er und starrte Fadi, der gerade gekommen war, ins Gesicht. »Was grinst du so?«

Fadi schüttelte den Kopf. »Nichts. Ich grinse nicht.«

»Neuigkeiten«, sagte Jo und deutete mit einem Kopfnicken auf Rasmus, der eingeschlafen war.

»Der Spürhund?«, fragte Fadi. Jo nickte wieder. »Und?«, fragte Fadi.

»Detlef«, sagte Jo. »Unser kleines Scheißerchen.«

Er machte eine genussvolle Pause, stocherte im Feuer, machte wilde Hiebe, das Holz brach, die Funken sprühten. »Es ist jetzt so weit. Er hat den Bogen überspannt.«

Fadi nickte, merkte, dass seine Kehle ausgetrocknet war, griff nach einer Flasche Wasser, setzte sie an, die milde Flüssigkeit rollte durch seinen Schlund und kühlte ihn. »Womit?«, fragte er und wusste schon, das war zu viel.

»Ist doch egal!«, bellte Jo und hieb weiter in die Glut.

Ja, dachte Fadi, egal, ist doch egal. Plötzlich sah er die schwarzen Augen seiner Mutter vor sich und wie sie sich in der Ferne verloren, wenn der Vater mit dem Essen nicht zufrieden war oder lautstark die mangelnde Sauberkeit des Dienstmädchens beklagte und dass die Mutter sich offensichtlich nicht durchsetzen konnte. Fadi wusste, dass sie sich nach Hause sehnte, nach Hause, und dass der Tag vermutlich nicht mehr weit war …

Und dann weinte Fadi, aber sehr vorsichtig und so, dass es keiner sah, Jo nicht und Rasmus schon gar nicht, denn Rasmus sah doch alles, war der Spürhund, der Alles-Seher, der Alles-Bemerker, und zum ersten Mal spürte Fadi diesen Ball in seinem Bauch, diesen Ball aus Angst und Zorn, diesen Ball aus Traurigkeit.

// CUT //

DRITTE BEFRAGUNG // SARA AUSTER
Mittwoch, einundzwanzigster Juni, Beginn: neun Uhr

Was passierte dann?
Nichts. Ich meine, nicht sofort. Aber in der Klasse hatte sich etwas verändert in den letzten Tagen … die Stimmung … die Atmosphäre … ich weiß es nicht genau … irgendwas war anders … und irgendwie war es unheimlich.
Pause.
Wir spürten das alle. Und wir waren alle wachsam. Und das Wetter war komisch. Unerträglich schwül am Tag und in den Nächten Gewitter, dass man nicht schlafen konnte.
Jo war zornig, das spürten wir. Jo war aufgebracht, wütend, aber keiner wusste, warum. Außerdem hatte er zusätzliches Gefolge aufgestellt, Simon und Lukas, und die sonnten sich in seinem Licht. Und Mandy …

Mandy auch ...

Pause.

Rasmus war wie immer. Fadi nicht. Fadi war irgendwie still. Mila auch.

Pause.

Und Nils ... Nils war ... ich weiß, das klingt komisch ... Nils war ... gewachsen. Nils schien größer geworden zu sein, obwohl das ja nicht sein kann innerhalb einer Woche ... aber irgendwie war es doch so. Ich schaute ihn manchmal von der Seite an und da war etwas ... etwas Großes, etwas Glückliches an ihm ... und das war ... merkwürdig, denn das war noch nie gewesen.

// CUT //

Samstag. Langeweiletag. Nils streifte durch die Wohnung, ziellos, unruhig. So war das, wenn man keine Freunde hatte, die einen anriefen und sich mit einem zum Baden verabreden wollten oder zum Sport oder auf ein Eis oder zum Bummeln oder einfach nur zum Abhängen. Im Grunde waren solche Samstage für Nils normal, besonders wenn seine Mutter im Krankenhaus Dienst hatte. Nils war Alleinsein gewöhnt, aber nun wusste er, wie es sich anfühlte und anspürte, wenn man nicht allein war, wenn man jemanden hatte, mit dem man etwas unternehmen konnte. Nun war alles anders.

Er begann zu kochen. Nicht, weil er Hunger hatte, aber beim Kochen verging wenigstens die Zeit. Man konnte nicht immer vor dem Fernseher hängen oder gegen irgendwelche gesichtslosen Typen im Internet zocken, die genau solche Freaks waren wie man selber.

Plötzlich meldete sich das Handy. Nils erkannte sofort am Ton, dass es Mila war und fast blieb ihm das Herz stehen.

»Ja?«

Er hörte ihr zögerndes Atmen, dann meldete sie sich. Leise, mit einem kleinen Räuspern. »Ich bin's. Mila.«

»Hallo«, sagte er, »hallo Mila.«

»Bist du überrascht?«, fragte sie.

»Ja«, sagte er, »schon.«

»Ich will dir was zeigen«, sagte sie.

Sofort begann Nils sich zu freuen. »Aha«, machte er und versuchte sich seine Aufregung nicht anmerken zu lassen. »Und was?«

»Na ja«, sagte sie, »wenn ich dir das jetzt sage, müsste ich's dir ja nicht mehr zeigen.«

Nils lachte leise. »Stimmt!«

»Also«, sagte sie, »wir treffen uns an der Haltestelle. Um neun. Nimm eine Taschenlampe mit.«

Ehe er antworten konnte, hatte sie aufgelegt.

Verwundert starrte er das Handy an. Eine Taschenlampe? Und zeigen wollte sie ihm etwas?

Er schüttelte den Kopf, ging zum Herd zurück, zog den Topf mit dem kochenden Wasser von der Platte und schaltete sie aus. Keine Spaghetti mehr, der Hunger war vergangen, die Langeweile auch.

Er fieberte die Zeit herum, um vier hatte Mila angerufen, jetzt war es sechs, noch drei Stunden. Er lenkte sich mit Zocken ab. Wieder eine Stunde später ging er ins Bad, duschte, hasste sich dafür, dass er kein richtiges Deo hatte, überlegte für eine Sekunde, ob er vielleicht bei seiner Mutter ... tippte sich aber im gleichen Moment auf die Stirn. War er völlig bescheuert? Sie war eine Frau und er ein Mann! Wollte er riechen wie eine Tunte?

Schließlich überlegte er, was er anziehen sollte. Jeans oder eine Shorts? Eine Jacke über dem T-Shirt? Welches T-Shirt? Welche

Jacke? Wieder tippte er sich auf die Stirn. Er hatte sowieso nichts Gescheites im Kasten und wer wusste das besser als Mila. Also war es völlig egal, was er anzog.

Er schaute auf die Uhr. Dreiviertelneun. Langsam sollte er losgehen. Da zischte es ihm ins Gehirn: Was hatte sie gesagt? Eine Taschenlampe?

Ach du Scheiße!! Wo um alles in der Welt hatten sie eine Taschenlampe?

Er raste in die Abstellkammer. Nichts. Badzimmerschrank? Nichts. Küchenlade? Treffer! Erleichtert blies Nils Panikluft aus. Das fehlte noch, dass er jetzt zu spät käme!

Sie stand schon da. Im Licht der vorletzten Sonne. Nils schmolz ein wenig dahin.

»Hei«, sagte er.

»Hei«, sagte sie. »Wollen wir?«

Sie stiegen ein. Zehn Stationen. So weit war Nils noch nie gefahren. Die Häuser wurden weniger, viel Grün zu beiden Seiten der Schienen. Endlich stiegen sie aus.

»Wir müssen jetzt noch ein Stück gehen«, sagte Mila. »Hast du die Taschenlampe dabei?«

Nils nickte. Schweigend gingen sie nebeneinander her. Nils fragte sich, wo sie hier gelandet waren. Es schien eine noble Wohngegend zu sein. Hohe uneinsehbare Zäune, hinter denen sich weitläufige Gärten zu verbergen schienen, in denen vermutlich wunderschöne alte Häuser und Villen standen. Wer wohnte hier? Was machten sie hier?

Und dann schoss es ihm ins Gehirn. Das konnte doch nur …

Abrupt blieb er stehen, riss die Augen auf. Sie lieferte ihn aus? Sie verriet ihn?

»Du willst mir jetzt aber nicht sagen, dass …«

»Doch«, sagte sie. »Doch!«

Sein Herzschlag beschleunigte sich. Er schaute sie an und merkte ihre Entschlossenheit. Sie wollte weitergehen. »Komm!«

»Nein«, sagte er und hielt sie am Arm fest, »was machen wir hier? Sag es!«

Widerstrebend blieb sie stehen. »Keine Panik«, sagte sie und aus ihrer Stimme klang leichte Verachtung. »Es wird dir nix passieren! Mach dir nicht in die Hose!«

»Pfffff!« Er tat mutiger, als er war. »Natürlich wird mir nix passieren. Ich will trotzdem wissen, was wir hier wollen!«

»Ohhh«, sagte sie spöttisch, »der kleine Detlef stellt sich auf seine Hinterfüßchen!«

Wow, dachte er und schluckte, sie hat nichts verlernt. Auf jemanden eindreschen, das kann sie so richtig gut. Kurz überlegte er umzudrehen, abzuhauen, noch konnte eine Flucht gelingen. Sie hatte ihn verraten, lieferte ihn seinen ärgsten Feinden aus.

Hau ab, sagte sein Kopf. Dreh um! Verpiss dich von hier! Sie hat dich verraten!

Aber es ging nicht. Seine Füße standen wie angewurzelt, bewegten sich keinen Millimeter, sein Bauch hingegen wurde schwer von Traurigkeit.

»Ja«, sagte er und musste schlucken, »ja, der kleine Detlef.«

Er schluckte und schluckte und kämpfte verzweifelt dagegen an, dass seine Stimme zerbröselte. Nicht jetzt! Nicht jetzt diese Blöße! Später, nicht jetzt! Später konnte er weinen. Über Milas Verrat, denn der wog schwerer als alles, was er bisher an Schwerem erlebt hatte.

»Du hattest wirklich gute Lehrmeister, Mila. Wenn wir jetzt da reingehen, was machen die mit mir?«

Sie starrte ihn an, sah sein linkes Augenlid zucken, wurde endlich hellhörig. »Nichts«, sagte sie, »was glaubst du denn?«

Er schwieg.

»Es ist keiner da«, sagte sie. Er schwieg. »Wirklich«, sagte sie, »keiner!«

Und dann checkte sie endlich, was lief. Dann checkte sie endlich, was er gedacht hatte, was er dachte.

Entsetzt riss sie die Augen auf, schlug sich die Hand vor den Mund, wurde aschfahl im Gesicht. »Oh mein Gott!«

Sie starrten sich an. Es war einer dieser seltenen Momente, wo ein jeder wusste, was der andere dachte. Dann griff sie nach seinen Händen. »Hast du wirklich geglaubt, dass ich …?«

»Ja«, sagte er, »hab ich … tu ich.«

Stille. Für ein paar kurze Momente. Mila hielt den Atem an.

»Nein«, sagte er und fiel ein wenig in sich zusammen, »tu ich nicht mehr.«

Da wurden ihre Beine weich. Sie setzte sich an den Gehsteigrand und legte ihr Gesicht in ihre Hände. »Bin ich echt so ein Arschloch gewesen?«

Er setzte sich neben sie, schwieg. Es war dunkel geworden, die hohen, alten Bäume hinter den Zäunen waren nur noch als Schemen zu erkennen, wenn der Wind sie durchfuhr, wurden sie zu rauschenden Gespenstern.

»Okay«, sagte Mila endlich, wischte über ihr Gesicht und schluckte ihre Bestürzung hinunter, »okay!«

Dann wandte sie sich wieder Nils zu. »Also, es ist so: Wir gehen jetzt in Jos Garten. Ich möchte dir dort etwas zeigen.«

»Aber …«, begann Nils.

»Wie ich schon sagte«, sagte sie, »ich möchte dir unbedingt etwas zeigen. Und das geht nur jetzt. Weil jetzt eben keiner da ist.«

Sie sprach mit ihm wie mit einem kranken Kind. Beruhigend. Beschwörend. Wie eine Magierin, eine Hexe. »Ich weiß das. Sie sind alle

weggefahren. Jos Großvater feiert seinen 75. Geburtstag. In Wien.«
Sie runzelte die Stirn. »Ist dir das weit genug weg?«

»Aber ...«, setzte er von Neuem an.

Da tat Mila etwas, was noch keiner mit ihm gemacht hatte und was Nils nie mehr vergessen würde. Sie wandte sich ihm zu und nahm sein Gesicht in ihre beiden Hände. Ihr Duft kam ihm in die Nase und hüllte ihn ein. »Vertrau mir einfach!«, sagte sie. »Vertrau mir!«

Und dann tat er das. Ihr vertrauen. »Okay«, sagte er, »okay!«

Sie lächelte und stand auf. »Na gut«, seufzte sie, »dann hätten wir das also jetzt geklärt. Dann also weiter! Wenigstens ist es dunkel geworden.« Sie kicherte, es klang ein wenig nervös.

Schweigend gingen sie weiter, sie vorne, er hintennach. Er maß ihre große, zarte Gestalt, die ihn um einen halben Kopf überragte, und spürte der Erleichterung und der Freude nach, die sich allmählich in ihm breitmachten. Sie hatte ihn nicht verraten. Sie, Mila, hatte ihn, Nils, nicht verraten. Das konnte doch nur bedeuten, dass sie Freunde waren. Oder im Begriff waren, es zu werden. Oder so was Ähnliches. Oder vielleicht sogar mehr. Noch dazu, wo sie jetzt gemeinsam einbrachen.

Wow, dachte Nils und schüttelte den Kopf. Wow! Wir brechen ein. Und dann dachte er nichts mehr, denn dann war keine Zeit mehr zum Denken.

»Hier ist es«, sagte Mila plötzlich und blieb so rasch stehen, dass er von hinten in sie reinkrachte. Wieder begann sie zu kichern und zu glucksen: »Pass doch auf!«

»Schsch«, flüsterte Nils, »mach ich doch! Und du hör auf zu kichern! Das hört man kilometerweit!«

Sie kicherte weiter. »Kann ich nicht! Ich muss immer kichern, wenn ich aufgeregt bin.«

Na toll, dachte Nils, doch nicht so kaltblütig.

»Oder reden«, flüsterte sie.

Na toll, dachte Nils noch einmal, das auch noch, und spürte plötzlich, wie es auch in seinem Bauch zu kribbeln begann, wie auch in ihm unaufhaltsam ein Lachen heranrollte.

»Schsch!«, machte nun Mila. »Schschsch!!«

Mühsam beruhigten sie sich. »Pass auf, dass niemand kommt«, flüsterte Mila und wandte sich der Hecke zu, die Jos Garten umsäumte. Nils passte auf, schaute sich unauffällig nach allen Seiten um. Stille. Niemand auf der Straße. Von fern ein paar Stimmen, die vorbeiwehten, wohl aus den Gärten heraus, es war Wochenende, es war schön, man grillte, saß bei Kerzenschein auf Terrassen, aß, trank und fühlte sich wohl. Was man nicht tat? Nils wusste es genau!

»Hier«, flüsterte Mila. Sie hatte gefunden, wonach sie gesucht hatte. Ein mit langen, dichten Ästen getarntes Loch in der Hecke, durch das man, wenn man die Äste beiseiteschob, hindurchkriechen konnte. Was sie nun taten. Nacheinander. So rasch als möglich. Erst Mila, dann Nils und sofort rutschten die Äste zurück und verschlossen das Loch erneut.

»Wieso ...«, begann Nils, als sie sicher auf der anderen Seite gelandet waren.

»Weil Jo manchmal nachts noch raus will«, sagte Mila, »was aber niemand zu wissen braucht, und beim Tor würde die Alarmanlage losgehen.«

»Wieso ...«, machte Nils noch einmal.

»Weil sein Vater ein ziemlich sturer Hund ist, der alles bestimmt.«

»Und wieso ...«

»... ich das weiß?« Mila zuckte die Schultern. »Weil Jo bis jetzt keine Geheimnisse vor mir hatte.«

Nils dachte kurz nach. »Und ab jetzt schon?«

Sie nickte. »Wäre möglich.«

Sie starrte in die Dunkelheit und versuchte sich zu orientieren. Noch wagte sie nicht, eine Taschenlampe anzuknipsen. Gottseidank war die Nacht klar, das wenige Licht des halben Mondes musste vorerst genügen.

»Komm!«, flüsterte sie und nahm ihn an der Hand. Sie wischten durch den dunklen Garten wie Fische durchs Wasser. Lautlos und behände, vorsichtigen Schrittes, Mila voran, Nils in ihren Fußstapfen hinterher. Die Hecke entlang, an den Baumriesen vorbei, der Villa zu, die wie ein dichter, dunkler Klotz am oberen Rand des Gartens in Stille verharrte. Endlich blieb Mila stehen. Sie schienen am Ziel zu sein.

»Hier«, sagte sie leise und an der Feierlichkeit in ihrer Stimme merkte Nils, dass er etwas Bedeutsames vor sich hatte. Er schaute und schaute und versuchte zu ordnen und zu erkennen, was sich ihm im Mondlicht langsam offenbarte. Ein Garten.

Beete, auf denen sich, in perfekter Symmetrie angeordnet, Salat und allerlei Gemüse tummelte, daneben und zwischendrin große und kleine Töpfe mit unterschiedlichsten Kräutern, rundherum in unterschiedlichsten Farben blühendes Blumengewerk und alles das noch einmal eingerahmt von halbhohen Stauden und Sträuchern, abgerundet durch den betörenden Duft einer Rose, vermischt mit dem Aroma von Erdbeeren. Vor dem sprachlos staunenden Nils lag ein Gemälde im matten Mondlicht, eines zum Anschauen und Riechen gleichermaßen.

Mila nahm erneut Nils' Hand, zog ihn ein Stück weiter, leitete ihn an, sich zu bücken, seine Hand sollte er öffnen, sie führte sie am Handrücken, ließ ihn über etwas Weiches streicheln, Gras vielleicht, aber irgendwie weicher, Schnittlauch vermutlich. Duft stieg ihm in die Nase, Petersilie wahrscheinlich, dann ein herberer Duft und an seinen Fingerkuppen eine samtig-stachelige Oberfläche.

»Mach den Mund auf«, flüsterte sie und er tat es. Etwas Weiches und zugleich Festes spürte er, er schmeckte die Süße und den Saft einer Erdbeere, verschluckte sich, musste husten, sie klopfte ihm den Rücken.

»Ein Garten«, staunte er, als er sich wieder gefasst hatte. Mila nickte. »Ja, Nils, ein Garten. Mein Garten.«

Endlich knipste sie die Taschenlampe an, legte die Finger schützend vor das Licht, damit es nicht zu grell wurde, und Nils begann zu staunen. Alles, was er an den Fingerspitzen gespürt und nur in Schemen gesehen hatte, wurde nun licht und klar und leuchtend, und Mila, die daneben stand, schien auch zu leuchten, satt und kräftig, wie von der Sattheit des Glücks.

»Das ist mein Garten«, flüsterte sie.

Nils staunte mit offenem Mund, drehte sich, kam aus dem Staunen nicht heraus. »Den hast du angelegt?«

Mila nickte.

»Wow«, flüsterte er, »wow! Wie schön!«

Sie lächelte, plötzlich traurig. »Einen Brunnen hatte ich noch vor. Damit man Wasser hat. Dass es plätschert.«

»Plätschert?«

»Ja! Für das Ohr!«

Stimmt, dachte Nils und fand es genial. Einen Ort für alle Sinne hatte Mila geschaffen, einen Ort zum Anschauen, zum Riechen, zum Schmecken, zum Spüren und Fühlen. Nur hören konnte man ihn noch nicht. Na ja, vielleicht, wenn die Bienen summten.

»Warum hier?«

Sie seufzte, wirkte plötzlich wie ein verlorenes Pflänzchen aus ihrem eigenen Garten. »Weil nirgends sonst Platz war.«

Nils nickte.

»Und warum überhaupt ein Garten?«

Sie schwieg, kniete sich hin, fuhr mit den Fingern sanft durch den Lavendel, streichelte ein Rosenköpfchen. »Weil ich musste.«

Nils nickte.

Weil sie musste.

Ja.

So war das.

»Was ist denn mit dir passiert?!«

Nils' Mutter riss die Augen auf. Misstrauisch schaute sie ihrem Sohn dabei zu, wie er voller Begeisterung ein Frühstück zubereitete. Eines mit allen Raffinessen. Sogar frisches Gebäck stand auf dem Tisch. Sogar Eier hatte er gekocht.

»Hab ich was verpasst? Hab ich heute Geburtstag?«

»Pffff«, machte Nils und wirkte irgendwie froh. »Also wenn du jetzt selber nicht mehr weißt, wann du Geburtstag hast, sollte ich mich wohl um einen Heimplatz für Demenzkranke kümmern!«

Sie lachte laut auf und schlug nach ihm. Geschickt wich er aus.

»Nein, Mam«, sagte er, »ich wollte dir einfach was Gutes tun nach dem Nachtdienst. Also setz dich, stell keine doofen Fragen und genieße einfach, dass ich dich einmal im Leben bediene. Vielleicht mach ich's ja nie wieder!«

»Was hab ich doch für einen tollen Sohn«, sagte sie und war ein bisschen stolz und dachte aus irgendeinem Grund an das dunkelhaarige Mädchen, das seit einigen Wochen zum Lernen kam.

»Na ja«, sagte er, »geht so!«

Sie grinste und strubbelte ihm die Haare, was er, wie sie wusste, absolut nicht mochte. Dann schnupperte sie an ihm herum!

»Mam!!«, rief er. »Lass das!! Mutter!!« Er schubste sie weg.

»Ja«, gluckste sie, »ist ja schon gut!«, und ließ von ihm ab. Sie wusste ja, wenn er sie *Mutter* nannte, wurde es kritisch. Bloß ein letzter, rascher Schnüffler noch. »Du riechst so gut! Hast du mein besonderes Duschgel benutzt?«

Sie grinste ihn liebevoll an und er wusste nicht, wohin mit sich.

»Jetzt setz dich endlich«, sagte er verlegen. Sie tat es. Und sonnte sich. Ein wenig. Im winzigen Glück.

Nils lag auf dem Bett, starrte Löcher in die Decke und versuchte sich vorzustellen, wie Mila küsste. Nicht, dass er glaubte, dass sie ihn jemals küssen würde, alles, was sie empfand, war ... vielleicht ... Freundschaft oder ... Dankbarkeit, weil er ihr in Mathematik geholfen hatte, nicht mehr, aber trotzdem ... man konnte es sich doch zumindest vorstellen. Vorstellen war schön, war vielleicht schöner als die Wirklichkeit.

Obwohl, wenn Mila ihn küssen *würde* – entgegen aller negativer Prognosen – wenn sie ihn, Nils, tatsächlich küssen würde, dann wäre das wohl schöner als alles, schöner als die Vorstellung, schöner als die Wirklichkeit, jenseits von allem Schönen, also überschön – was natürlich verrückt war, eigentlich irre, aber – na und?

Was machte das schon, wenn man sich Dinge ausdachte, die einem guttaten! Musste man das nicht sogar? War das nicht eine Strategie, um zu überleben?

Und wenn man einer wie Nils war, ein Freak, ein *Nerd*, den nie jemand küssen würde – und wenn doch, dann nur auf die Wange oder so, wie seine Mutter ihn küsste, und das zählte ja nicht, oder aus Mitleid, und das zählte noch weniger – wenn man also so jemand war, dann war man wohl für immer so jemand. Und dann musste man sich doch solche Dinge ausdenken und Erinnerungen anschaufeln, die einem das Gefühl gaben, dass es sich lohnte. Trotzdem. Zu leben.

Nils lächelte. Zeit zum Konservieren also. Zeit zum Gute-Dinge-Ausdenken, Zeit zum Erinnerungen-Schaufeln. Mila im Gras zum Beispiel. Und Lavendelrispen. Und Kletterrosenduft. Und allerlei Grünzeug. Und immer wieder Mila im Gras. Schön war das gewesen.

Dann jedoch der absolute Schock! In der oberen Etage der Villa war plötzlich das Licht angegangen.

Sie hatten es beide gleichzeitig gesehen und der Schreck hatte sie für eine Viertelsekunde erstarren lassen. Dann schoss Mila hoch, schnappte Nils' Hand und sie begannen wie um ihr Leben zu rennen. Hinunter durch den Garten, zur Hecke hin, hinaus, die Straße entlang. Immer wieder umschauen, ob ihnen jemand folgte, ob sie ertappt und erwischt waren, immer wieder lauschen nach fremden Schritten, aber es waren nur die eigenen, die sie hörten. Irgendwann blieben sie stehen.

Nils hustete und spuckte, stand vornübergebeugt mit hängenden Armen, ließ sich zu Boden, legte sich lang, keuchte und japste wie ein uralter Hund in seinen letzten Tagen.

»Mehr Sport?«, fragte Mila lapidar und schaute ihn von oben herab an. »Ach du!«, brachte er mühsam heraus und keuchte weiter.

Da begann sie zu lachen. Sie lachte und lachte und konnte nicht mehr aufhören, und weil es Nacht war und also dunkel und still, klang es lauter als am Tag.

Nils richtete sich auf und schaute ihr eine Weile zu. Plötzlich kippte das Lachen. Irgendwohin, wo ein Lachen nichts verloren hatte. Da nahm er ihre Hand und zog sie herab an seine Seite. Sie zitterte wie Espenlaub. Vorsichtig nahm er sie in die Arme. »Sch!«, machte er. »Sch! Ist ja gut! Alles gut! Nix passiert!«

Eine Weile ließ sie sich halten, dann machte sie sich vorsichtig frei und räusperte sich. »Ja«, flüsterte sie, »ja. Danke.«

Sie schwiegen.

Schweigen tat gut.

»Wow«, sagte er schließlich, »das war ja abgefahren!«

»Entschuldige«, sagte sie, »tut mir leid!«

»Nein«, sagte er, »muss es nicht. Ich hab noch nie so was Schönes gesehen.«

Sie lächelte zaghaft. »Du meinst meinen Garten?«

»Ja«, sagte er, »ich mein deinen Garten.«

Ihr Lächeln wurde breiter.

»Echt?«

»Echt!«

Es wurde kühl, sie begannen zu frösteln. Nils hatte keine Ahnung, wie lange sie im Garten gewesen waren, wie lange sie nun schon hier auf der Straße saßen, wie spät es überhaupt war.

»Ich hab mich so erschrocken!«, sagte Mila. »Plötzlich geht das Licht an! Ich weiß doch ganz sicher, dass keiner da ist!«

Nils zuckte die Schultern. »Wahrscheinlich einfach ein Bewegungsmelder.«

Sie nickte dankbar. »Ja, wahrscheinlich.«

»Eine Lichtzeituhr. Um Einbrecher abzuschrecken.«

Da begann Mila erneut zu lachen. Und Nils mit. »Um Einbrecher abzuschrecken! Genau! Das ist ihr gelungen, der Lichtzeituhr! Das ist ihr gut gelungen!«

Alles Adrenalin lachten sie aus sich heraus, bis eine entfernte Stimme aus einem entfernten Haus aus einem entfernt geöffneten Fenster sie wieder zur Ruhe brachte. »Ruhe da unten, oder ich hol die Polizei!«

Da verstummten sie.

»Scheiße«, sagte Mila schließlich, »wo sind wir denn eigentlich hier?«

Sie schaute sich um, erkannte den Platz in der Nähe der Straßenbahnhaltestelle, wusste wieder, wo sie langzugehen hatten, ahnte aber auch, dass die letzte Bahn längst abgefahren war.

So marschierten sie zu Fuß zurück ins Zentrum, von dort hatte Mila es nicht weit und Nils würde sich ein Taxi nehmen. Sie brauchten lange. Immer wieder sagte einer von ihnen so was wie: »Um die Einbrecher abzuschrecken!« und der andere antwortete: »Ich hol die Polizei!« Und dann mussten sie stehen bleiben und wieder loskichern, und so ging das ein ums andere Mal.

Endlich waren sie da.

»Wirst du Ärger kriegen?«, fragte Mila. Nils schüttelte den Kopf. »Meine Mutter hat Nachtdienst, die kriegt das gar nicht mit. Du?«

»Na ja«, sagte sie, »vermutlich schon. Ich hab gesagt, dass wir eine Party haben. Da wäre zwei Uhr okay gewesen, ist ja Wochenende. Und ich hab ja einen Bonus!« Sie grinste.

»Die bestandene Prüfung«, sagte er.

»Die bestandene Prüfung«, nickte sie. »Aber jetzt ist es drei.« Sie zuckte die Schultern. »Was soll's! Ich krieg das hin!«

Als Nils ins Taxi stieg, winkte sie ihm hinterher, trat einen Schritt zurück und ins Leere.

Es gab nur einen, der Schuld hatte. Es konnte nur einen geben. Und wenn Jo noch einen winzigen Zweifel daran verspürt hatte, so war dieser restlos ausgeräumt, seit er gesehen hatte, was er gesehen hatte. In der Nacht. Im Garten.

Es wurde Zeit. Etwas zu tun. Die Positionen zu klären. Wieder-
herzustellen.

Es.

Wurde.

Zeit.

// CUT //

DRITTE BEFRAGUNG // SARA AUSTER
Mittwoch, einundzwanzigster Juni, Beginn: neun Uhr

Und dann?
Pause.
Und dann habe ich zu spät gemerkt, dass ... dass da was lief ...
Pause.
Aber was hätte ich auch tun können ...
Pause.
Die hatten sich verschworen, hatten sich abgesprochen, um einen
Denkzettel ging es, einer flüsterte es dem anderen zu, so ging es von
Bank zu Bank, hie und da Gekicher, manchmal auch betretene Gesich-
ter, ja, auch das, hilflose, und ich ...
Pause.
... wusste doch gar nicht, worum es ging.
Pause.
Aber es ging um Nils. Es ging immer um Nils.
Pause.
Und dann kam dieser Montag. An dem Mila fehlte.

// CUT //

Und dann kam dieser Montag, an dem Mila fehlte, und begann ganz normal mit den üblichen Sticheleien, mit ein bisschen »Detlef, alte Sau« und Rucksack werfen nach vor und zurück und sich auf die Schenkel klopfen und lachen.

Betreten schauten die einen zu, amüsiert die anderen. Alles wie immer.

Die Degenhard kam, wies zurecht, prüfte Englischvokabeln, wies zurecht, gab Termine bekannt für die nächste Arbeit, teilte Texte aus, wies zurecht, verschwand wieder, alles wie immer.

Der Tag ging herum.

In der Pause vor der vorletzten Stunde kam Isabella nach vorne zu Sara geschlendert. »Sag ihm, dass er nach der Schule ganz schnell verschwinden soll«, murmelte sie und runzelte beschwörend die Stirn. »Sag's ihm!«

Sara wurde rot. »Was?«, fragte sie. »Wer? Wieso? Was meinst du denn?«

»Halt dich da raus!«, sagte Micha und zog seine Freundin weg. »Das geht uns nichts an.«

Sie schaute ihn zornig an.

»Ich will keine Schwierigkeiten kriegen«, sagte er. »Du etwa? Die sollen ihren Mist selber klären, die Idioten.«

Er zog Isabella mit sich, wollte seine Ruhe. »Sag's ihm«, raunte Isabella noch einmal und nickte heftig.

Sara folgte ihnen zu ihrem Platz ganz hinten. »Was ist denn?«, fragte sie. »Hab ich was nicht mitbekommen?«

»Du kriegst viel nicht mit«, sagte Micha verächtlich und vergrub sich in Isabellas Haare. Energisch entzog sie sich ihm. »Hast du gestern keine Nachricht bekommen?«

Verwirrt schüttelte Sara den Kopf.

Isabella holte ihr Handy heraus, öffnete eine Nachricht und hielt sie Sara hin. *Morgen nach der Schule. Generalabrechnung.*

»Oh Gott!« Sara lief es kalt den Rücken hinunter. »Was haben die vor?«

Isabella zuckte die Schultern. »Keine Ahnung! Und es ist mir auch völlig wurscht! Ich hab diese Typen so satt!«

Sie schüttelte den Kopf und fuhr fort: »Was immer du tust, Sara, es ist deine Sache. Aber irgendjemand sollte Nils sagen, dass er heute nach der Schule so rasch als möglich verschwinden sollte. Und wenn du es nicht tust, wird es vermutlich keiner tun.«

»Wieso ich?« Sara spürte das Blut in ihr Gesicht schießen.

Isabellas Blick sprach Bände. »Ach, Sara, Mädchen, du bist wirklich so naiv, wie du aussiehst. Glaubst du, ich weiß nicht, dass ihr Nachbarn seid? Oder dass ihr euch seit Kindertagen kennt und eure Mütter befreundet sind? Und glaubst du, ich weiß nicht, dass dir das schrecklich peinlich ist? Und glaubst du, das wissen nicht auch andere?« Sie zuckte die Schultern. »Ach, was soll's. Eigentlich kann's mir wirklich egal sein.« Sie drehte sich zu Micha, lächelte ihn an und küsste ihn.

Sara stand wie versteinert. Sie spürte ihr Herz klopfen, es raste ihr im Hals, in der Brust. Nils, dachte sie. Immer wieder Nils!

Vorsichtig schaute sie sich um. Das Grüppchen um Jo stand hinten am Fenster. Ohne Mila. Überrascht schaute Sara noch einmal, und da fiel ihr erst auf, dass Mila heute fehlte.

Es läutete. Rasch ging Sara an Nils' Tisch vorbei. »Hau ab nach der Schule!«, murmelte sie. »Hau ab, so schnell du kannst!«

Nils blickte hoch, schaute sie an, seine Augen hellwach, aufgerüttelt, das erschreckte sie, rasch ging sie vorbei, setzte sich auf ihren Platz. Unruhe machte sich breit. Paulsen kam. Merkte nichts. Alles wie immer.

// CUT //

DRITTE BEFRAGUNG // SARA AUSTER
Mittwoch, einundzwanzigster Juni, Beginn: neun Uhr

Man ist halt, wie man ist. Und ich ... ich war immer eine von denen, die dazwischenstehen.
Pause.
Wissen Sie, was ich meine?
  Ja.
Wirklich?
  Ja.
Nicht am Rand, so wie der Nils, aber auch nicht in der Mitte. Irgendwo dazwischen halt. Zuschauer. Wegschauer. Eine von denen, die nicht Farbe bekennen. So eine bin ich. War ich immer. Ist einfacher. Tut auch weh, aber nicht so.
Pause.
Verstehen Sie, was ich meine?
  Ja, Sara. Ich weiß, was du meinst.
Ich kannte Nils unser Leben lang. Aber das sagte ich ja schon.
Pause. Sara versinkt.
Pause.
  Sara?
Sara schreckt hoch.

Erzählst du weiter, Sara?

Sara zuckt die Schultern.

Gibt nichts mehr.

Das glaube ich dir nicht.

Dann halt nicht!

Pause.

Pause.

Dann: Sara flüstert.

Du hast es in der Hand, hat er gesagt.

Du hast es in der Hand!?

Pause.

Hat wer gesagt?

Pause.

Sara?

Das mit Nils. Was mit ihm geschah.

Pause.

Du hast es in der Hand, hat er gesagt. Du kannst es stoppen. Aber ich konnte es nicht stoppen. Wirklich nicht! Das müssen Sie mir glauben!

// CUT //

Geh aufs Klo stand auf dem Zettel, sonst nichts.

Sara erschrak, schaute hoch und vorsichtig in der Klasse umher. Keiner, der ihr besondere Aufmerksamkeit schenkte. Einige passten auf, die meisten langweilten sich, kauten an Stiften, starrten vor sich hin. Bis auf Rasmus. Rasmus wartete auf Saras Blick, und als er kam, hielt er ihn fest.

Er hatte den Zettel geschrieben. Er also.

Für einen winzigen Augenblick wollte Sara aufbegehren, sich wehren, aber dann ... war sein Blick wie ein Magnet, der sie nicht mehr losließ. Wehrlos klappte sie in sich zusammen, wandte sich nach vorne, hob die Hand. »Kann ich mal raus, Herr Paulsen?«

Paulsen nickte nebenher, machte weiter. Sara erhob sich.

»Ich auch«, sagte Rasmus, stand auf und folgte ihr.

»Bitte?«, fragte Paulsen überrascht und verärgert und starrte Rasmus an. »Kannst du vielleicht warten?«

»Nein«, sagte Rasmus und lächelte, »kann ich nicht. Außer Sie wollen die Verantwortung dafür übernehmen.«

Kichern in der Klasse, gespannte Erwartung. Was würde Paulsen tun?

Er tat nichts. Er war müde und ratlos. Und resignierte. »Mach, was du willst!« Triumphierend ging Rasmus hinaus.

Vor der Toilettentür wartete Sara. »Was willst du von mir?«

Rasmus ließ sich Zeit, nahm sie an der Hand, schob sie in den Waschraum, lehnte sie an die Wand und sich selbst halb gegen sie. Sie traute nicht, sich zu wehren.

»Was ich will?« Sanft strich er ihr das Haar aus der Stirn. »Das weißt du doch, kleine Sara.«

Sara begann zu zittern, das genoss er. »Nein«, brachte sie mühsam hervor, »ich weiß das nicht. Bitte lass mich einfach in Ruhe!«

»Gut«, sagte er und trat einen Schritt zurück. Erleichtert atmete sie auf.

»Gut«, sagte er noch einmal. »Ich lass dich in Ruhe, allerdings ...«

Und dann setzte er das Messer an und bohrte es in sie hinein. »Du hast es in der Hand, Sara«, sagte er leise, fast freundlich. »Das, was mit Nils geschieht. Du kannst es stoppen«, sagte er und strich mit seinem Finger sanft, fast zärtlich über ihre Wange, »das, was mit Nils geschieht. Du hast es in der Hand.«

DRITTE BEFRAGUNG // SARA AUSTER
Mittwoch, einundzwanzigster Juni, Beginn: neun Uhr

Du hast es in der Hand, hat er gesagt.

Und dass ich noch eine Stunde Zeit hätte, um mir das zu überlegen, hat er gesagt, und dass er mich nicht mehr aus den Augen lassen würde, denn sobald ich mich zu ihm umdrehte und ihm zunickte, würde er alles abblasen, was sie sich ausgedacht hatten für den Nils.

Und der Jo, hat er gesagt, der sei ihm egal. Denn nicht der Jo sei in Wahrheit der Boss, sondern er, Rasmus.

Und dass ich klug sein solle, hat er gesagt, denn ich wolle doch sicher nicht schuld daran sein, wenn es dem Nils an den Kragen gehe.

Und mich also umdrehen.

Zu ihm.

Irgendwann in der nächsten Stunde.

Und ihm zunicken.

Aber eher früher als später.

Damit er alles noch rechtzeitig abblasen könne.

Und dann würde eine schöne Zeit für mich beginnen.

Und für ihn.

Und für den Nils auch.

Und wenn nicht, dann ... eben nicht ...

// CUT //

Die Zeit verging schnell. In der letzten Stunde hatten sie Deutsch mit Frau Sturz. Rasch wurde es still, Frau Sturz nahm es erstaunt zur Kenntnis, normalerweise dauerte es, bis Ruhe einkehrte.

Ruhe vor dem Sturm, dachte sie und ließ ihre Blicke misstrauisch durch die Klasse schweifen. Die haben was vor, dachte sie, irgendwas haben die vor.

Sie schaute Jo an, der wirkte fröhlich, grinste Frau Sturz freundlich an. Rasmus schien ganz in sich gekehrt, hatte die Augen halb geschlossen. Gut, beschloss Frau Sturz, glauben wir einfach an gute Geister, glauben wir einfach daran, dass wir heute Glück haben.

Vorsichtig begann sie mit dem Stoff. Sommerlyrik. Schade, dass Mila fehlte, die war gut in so was und konnte andere mitreißen. Auch Sara war merkwürdig, saß wie erstarrt an ihrem Tisch, rührte sich nicht, war auffallend blass und still. »Sara? Alles in Ordnung? Ist dir nicht gut?« Besorgt trat Frau Sturz an Sara heran. Sara schüttelte den Kopf. »Doch! Alles in Ordnung! Mir geht es gut! Ist einfach so schwül heute!«

Frau Sturz nickte. »Also gut, dann machen wir weiter.«

Sie ging wieder nach vorne, alles gut also, die Üblichen arbeiteten mit, die Üblichen schliefen und die, die normalerweise störten, schliefen eben heute auch.

Dann das Läuten der Glocke und Nils schoss in die Höhe, wollte hinaus bei der Tür. Aber Rasmus war genauso schnell, stellte sich ihm in den Weg, ließ ihn nicht vorbei.

»Rasmus«, fragte Frau Sturz, »was ist los?«

Rasmus drehte sich um, langsam, ließ Nils nicht aus den Augen, zwinkerte Frau Sturz zu. »Nichts«, sagte er und hob beruhigend seine Arme. »Frau Sturz, ich bitte Sie, was soll denn sein?«

»Das möchte ich eben von dir wissen«, sagte sie und ihre Stimme zitterte etwas. Er zuckte die Schultern, grinste überheblich, pfiff durch die Zähne. »Nils«, fragte Frau Sturz, »kannst du mir sagen, was hier los ist?«

Nils schüttelte den Kopf, schluckte, räusperte sich, sein linkes Auge zuckte. Sie sah das alles, wartete. »Nichts«, sagte er endlich, »wirklich, Frau Sturz, nichts.«

Sie nickte langsam, spürte die Spannung im Raum, ein leises Zittern in der Luft. Sie drehte sich um, am Fenster standen Jo und Fadi, dahinter Mandy. »Nils«, sagte Jo, »lass uns gehen. Du weißt doch, wir müssen noch was erledigen. Du weißt doch, manchmal sind Nächte nicht dunkel genug. Manchmal verbergen sie nicht, was sie verbergen sollen.«

Er kam heran, grinste Frau Sturz an, schlenderte an ihr vorbei zur Tür und machte sie weit auf. »Schön, dass Sie sich solche Gedanken machen, Frau Sturz. Macht sich sicher gut für Ihr berufliches Weiterkommen.«

Galant deutete er eine leichte Verbeugung an, seine Hand wies zur offenen Tür. »Bis morgen!«

Sie schaute ihn an, mühelos hielt er ihrem Blick stand. »Also gut«, sagte sie. »Bis morgen.«

Sie ging. Es blieb leise hinter ihr, sie spürte die Blicke und beschloss, sich nicht umzudrehen. Nils, dachte es irgendwo in ihr, Nils, verdammt noch mal, Nils.

Es war ihr erstes Jahr und Typen wie Jo oder Rasmus ließen ihr immer noch das Blut in den Adern gefrieren. »Lass sie nicht zu sehr an dich heran«, hatten ihr die Kollegen geraten. »Bleib auf Distanz, sonst wird es sehr, sehr schwer.«

Anfangs hatte sie ihnen nicht geglaubt, aber mittlerweile wusste sie, dass es die einzige Möglichkeit war, wenn sie langfristig überleben wollte. Sie wollte langfristig überleben. Nils war schon weit weg.

// CUT //

DRITTE BEFRAGUNG // SARA AUSTER
Mittwoch, einundzwanzigster Juni, Beginn: neun Uhr

Mila war nicht da. Mila hätte helfen können. Mila mochte Nils doch. Oder Jo. Oder beide.
Du hast es in der Hand, Sara, hat Rasmus gesagt, das, was mit Nils geschieht, kannst du stoppen. Aber ich konnte es nicht! Wie hätte ich es stoppen können? Und Mila, verflucht, war nicht da!

// CUT //

Sie blökten, sie grölten, wie wild gewordene Eber, wie aufgegeilte Schweine, Lukas und Simon, gut gewählte Nichtse ohne jede Bedeutung, kurz nur würden sie wichtig sein, sich in Jos Sonne sonnen und sicher wähnen.

»Macht ihn fertig«, hatte es geheißen, »macht ihn einfach fertig. Er braucht eine Erinnerung daran, wo er hingehört.«

Wenn sie ein wenig gezaudert hatten am Anfang, dann war das jetzt vorbei, alle Hemmungen waren verloren, alle Regeln in den Wind geschossen, alles war erlaubt, Jo hatte das gesagt, alles war erlaubt, wenn Jo das doch gesagt hatte.

Sie jagten hinter Nils her, um ihn herum, klatschten ihre Hände, Fäuste, Füße auf ihn, wie Gewehrschüsse, wie Silvesterknaller, unerbittlich, erbarmungslos.

Nils Kniekehlen knickten ein, er kippte vornüber und schlug

auf den Boden, sie tanzten und johlten, schrien und lachten, Lukas, Simon, Fadi, Jo, zogen ihn wieder hoch, pieksten an ihm herum, noch sollte es nicht vorbei sein, noch nicht.

Nils begann sich zu wehren, schlug um sich. Sie lachten, ließen sein Wüten zu, sein Toben. Über sein Gesicht liefen schmutzige Schlieren, Gemisch von Tränen und Dreck, den hatte er mitgenommen vom Boden, der war in seine Augen geraten, in Nase und Mund und vermischte sich nun mit den Tränen, die er zornig fortwischte, die immer wieder hochkamen und ihm übers Gesicht liefen, die Bahnen zogen und Schrunden, und auch darüber lachten sie: »Du Wichser, du Memme, musst heulen, lauf doch zu Mami, wo ist denn die Mami!«

Und Rasmus? Rasmus hielt das Handy im Anschlag, filmte mit gierigen Augen, filmte ohne Stopp und Erbarmen, denn Sara hatte sich nicht umgedreht in der letzten Stunde, denn Sara hatte nicht *ja* genickt, nicht *ja* zu ihm, Rasmus, und also *nein* zu Nils, da hatte er Pech, der Kleine, einfach Pech.

Und so filmte Rasmus Nils' Weinen, den Schmerz und die Angst. Es war wie ein Sterben, ohne Tod zwar, aber wie ein Sterben, eines ohne Gnade, eines ohne Sinn.

// CUT //

DRITTE BEFRAGUNG // SARA AUSTER
Mittwoch, einundzwanzigster Juni, Beginn: neun Uhr

Du hast es in der Hand, Sara! Du kannst es stoppen!

Pause.

Dieses Arschloch!

Pause.

Natürlich hab ich gewusst, was das bedeutet! Natürlich hab ich das gewusst, ich bin ja nicht blöd! Der wollte mich! Der Rasmus wollte mich! Der wollte mich antatschen, mich angraben, der wollte seine Zunge in mir herumdrehen und seine Finger und ...

Sara beginnt zu weinen.

Aber ich will den nicht! Ich mag den nicht! Mir graut vor dem! Der macht mir Angst!

Pause.

Und ich konnte nichts für Nils tun.

Pause.

War wie angeleimt. Wie festgezurrt. Konnte nichts sagen. Nichts tun.

Pause.

Es war so schwer. Scheiße, es war so schwer.

Pause.

Aber alles andere ... wäre noch schwerer gewesen. Hilf dir doch selbst, hab ich gedacht. Warum kannst du das denn nicht? Verdammt noch mal, hilf dir!

Pause.

Dann: Sara flüstert.

Können Sie das verstehen?

// CUT //

Nils brach heraus aus dem Kreis, hinein unter die Bäume ins Unterholz, kurz hatte es den Anschein, als entkäme er. Aber sie folgten ihm, ließen ihn nicht, es war noch nicht genug. Sie johlten, schrien, fühlten sich wie Helden, die dem Feind eins draufgaben, dem Nils, dem Feind, einen Denkzettel, wofür?

Auch Rasmus folgte, aber langsam, sie hatten Zeit. Er bückte sich unter die Büsche, sie dufteten, Jasmin oder Holunder oder wilde Rosen, für einen Moment schloss er die Augen und genoss.

Dann drehte er sich um ... suchte Sara, die kleine Sara. Wollte sehen, was sie dachte, was sie fühlte. Wollte ihr nahe sein. Schon so lange.

Sie stand am Rand des Geschehens. Sie stand wie erstarrt und schreckensbleich und Rasmus' Augen tauchten in ihre, und für einen Augenblick, für einen winzigen Augenblick, gab es nur sie und ihn und sie war ihm Spiegel und er erkannte sich, erkannte Feigheit und Verzweiflung und wollte plötzlich weinen. In ihre Arme kriechen, sich geborgen wissen und weinen. Um Sara. Um sich selbst. Um die Chance, die sie gehabt hätten, vielleicht ... wenn er nicht ...

Und es tat so weh ... so weh ...

Kurz schluchzte er auf.

Doch dann ... war der Augenblick vorbei. Er räusperte sich, wandte sich zurück, folgte den anderen, folgte vor allem Nils, dem Arschloch Detlef, der eine Lektion bekam, die er nicht mehr vergessen würde. Weil er eben ein Arsch war, ein gottverdammter Arsch!

// CUT //

DRITTE BEFRAGUNG // SARA AUSTER
Mittwoch, einundzwanzigster Juni, Beginn: neun Uhr

Niemand hat etwas getan, keiner von uns. Ich ...
Pause. Dann: Sara flüstert.
... auch nicht.
Pause.
Und Mila war nicht da. Ausgerechnet. Vielleicht hätte sie ... vielleicht
hätte sie es stoppen können ...

// CUT //

Rasmus mit dem Handy spürte den anderen hinterher, Lukas und
Simon, Fadi und Jo. Die Bilder verschwammen, verwackelten, Desas-
ter, wohin man schaute. Nils hinter einem Baum kauernd, zitternd,
mit den Händen über dem Kopf und den Armen vor dem Gesicht,
während sie ihn beschossen mit Müll, fauligen Apfelbutzen, Papier-
kugeln, leeren Coladosen. Manchmal sprang einer von hinten auf
ihn zu, Überraschungsangriff, hin zum Nils, zum verlorenen Wind-
beutel, und knallte ihm seine Fäuste in die Seite, in den Magen, und
trat mit dem Fuß gegen seine Lenden, seinen Rücken.

Nils krümmte sich, kippte, winselte, weinte. Das brachte sie erneut zum Johlen, zum Schreien. »Aber, hallo, Detlef, was winselst du
denn so! Wie ein Hund, wie ein Sabbertier!« Und sie ekelten sich und
schüttelten sich und sagten: »Ja, hallo, der scheißt sich gleich an, die
Sau, der scheißt sich die Hosen voll!«

// CUT //

DRITTE BEFRAGUNG // SARA AUSTER
Mittwoch, einundzwanzigster Juni, Beginn: neun Uhr

Niemand hat etwas getan, keiner.
Wir standen wie erstarrt.
Wir konnten nur zusehen.

// CUT //

Stimmen wurden laut. Endlich wurden Stimmen laut. »Lasst es jetzt! Es ist genug! Es reicht! Hört auf!«

Rasmus hörte nichts, starrte sich fest am Display seines Handys, folgte dem Film, spulte ihn sich in Gedanken schon ins Gehirn, schnitt an den richtigen Stellen, legte die passende Musik darüber, bestimmte das nötige Fade-out. Aber dann fiel ihm Sara wieder ein, ihre verdammten Augen, und die bohrten Löcher in sein Gehirn, saugten sich an wie ein schlechtes Gewissen.

Er begann zu fluchen, »Schnepfe, verdammte, verpiss dich!«, und musste an seine Mutter denken, die er nicht sterben sehen konnte und die *das hier ... das hier ... das hier ...* nicht mögen würde, ums Verrecken nicht ...

Jo kam heran. »Alles okay?«

Rasmus riss sich zusammen. »Klar! Alles okay!«

Und Jo: »Hast du alles Wichtige?«

Und Rasmus: »Klar!«

Und hatte Sara schon abgedockt und seine Mutter ebenso und sagte noch einmal: »Ja! Klar! A star is born!«

// CUT //

DRITTE BEFRAGUNG // SARA AUSTER
Mittwoch, einundzwanzigster Juni, Beginn: neun Uhr

Niemand. Keiner. Ich auch nicht.

// CUT //

Dann war es endlich vorbei.

Jo rief: »Wir verschwinden!«, und kaum hatte er es gesagt, waren sie verschwunden, Jo und seine Mannen, wie durch Zauberhand, als hätten sich Schlupflöcher aufgetan. Auch die anderen verdrückten sich, leise, unauffällig, als gäbe es sie gar nicht.

Ein paar der Mädchen blieben, darunter Sara und Isabella. Sie holten Nils aus dem Dickicht, halfen ihm hoch, wischten ihm Tränen, Schweiß und Blut ab, stützten ihn beim Gehen, leise, unauffällig, als gäbe es sie alle gar nicht.

// CUT //

Ich hab dem nix getan. Punkt.

Was wollen Sie eigentlich von mir?

Fuck!

Was soll das!

Das war doch nix.

Der hat sich als Film. Das ist doch geil. Das wollen doch alle.

// CUT //

Sie war nicht da gewesen. Mila. Ausgerechnet. An jenem Montag war sie nicht da gewesen. Ausgerechnet an jenem Montag lag sie in einem Dreibettzimmer des Krankenhauses, in das man sie tags zuvor gegen drei Uhr morgens eingeliefert hatte, und wartete auf ihre Mutter, die ein abschließendes Gespräch mit dem Arzt führte und sie anschließend mit nach Hause nehmen würde.

Sie wusste nicht genau, was passiert war. Sie erinnerte sich nur daran, dass sie Nils' Taxi hinterhergewunken hatte und dann, als es aus ihrem Blickfeld verschwunden war, sich umdrehen und nach Hause gehen wollte. Aber plötzlich war alles schwarz geworden.

Dass sie über den Gehsteigrand gestolpert und hingeknallt sei, hatte man ihr später erzählt, und dass ein Mann, der sich auf dem Nachhauseweg von einer Kneipentour befand, ihr zur Hilfe geeilt war und die Rettung gerufen hatte. So war sie rasch im Krankenhaus gelandet.

Da hatten sie eine Platzwunde am Kopf und eine schwere Gehirnerschütterung festgestellt und außerdem eine Verstauchung des rechten Fußknöchels. Das Cut war genäht worden, der Knöchel stillgelegt und bandagiert und wegen der Gehirnerschütterung hatten sie sie den ganzen Sonntag und die Nacht auf Montag dabehalten. Nun wartete sie auf ihre Mutter, um endlich wieder von hier wegzukommen.

Als ihr Handy vibrierte, um eine neue Nachricht anzuzeigen, saß sie in der Küche und verspeiste ihre Lieblingsnudeln. Es war Abend geworden. Die Mutter stand neben ihr und strich ihr übers Haar. »Lass es dir schmecken, Süße! Nachher hab ich noch ein Eis für dich! Und dann legst du dich wieder nieder.«

»Mama«, sagte Mila und tat entsetzt. »Willst du mich mästen?«

»Aber nein«, lächelte die Mutter, »bloß ein bisschen verwöhnen.« Sie seufzte. »Wer weiß, was noch alles hätte passieren können!«

Dann vibrierte das Handy. Mila nahm es. Ein Video. Völlig ahnungslos öffnete sie es, und dann blieb ihr fast das Herz stehen.

Nils Gesicht am Bildschirm des Computers. Die Panik darin. Die Flucht. Die aussichtslosen Versuche, sich zu wehren. Die Tränen.

Rasmus hatte Klassik darüber gelegt, Geigen in klagender Vielfalt. Dahinter die Stimmen der Verfolger – dumpf zerhackt in den Flackerbildern, drängende Geräusche einer wilden Jagd, verwandelt in ein kunstvolles Epos aus Zorn, Verzweiflung und Schmerz.

»Um Gottes Willen«, sagte Frau Sturz. »Wo haben Sie das her? Das ist ja schrecklich!«

Paulsen schwieg, wollte ein bisschen lächeln, ach Gott, die junge Kollegin! Aber er brachte kein Lächeln zustande.

»Herr Paulsen?«

Er blickte hoch. »Ja?«

»Dieses Video?«

Er zuckte die Schultern. »Ein Schüler hat es gemeldet. Es ist auf *Youtube* zu sehen.«

Er drückte auf Wiedergabe. Der Film startete erneut, jetzt *heroes*, David Bowie. Kollegen näherten sich, Stille, aber *heroes*, vorne ging die Tür.

»Was werden Sie tun?«, fragte Frau Sturz und erstaunt bemerkte Paulsen, dass ihre Stimme einen eigenartigen Klang hatte, oder war es das Echo ihrer Frage, das in ihm klang? Silberglöckchen?

Er schüttelte den Kopf, zweifelte kurz an seiner Zurechnungsfähigkeit. Er war Mathe, nicht Deutsch! Silberglöckchen? Silberglöckchen!

Es reichte! Er stand auf und packte seine Tasche.

Ja, er war der Klassenlehrer, ja, er war verantwortlich, aber doch wohl nicht für alles, was diese Fratzen glaubten, tun zu müssen?! Außerdem hatte er jetzt frei! Und er hatte genug gesehen! Sollten die Kollegen doch alleine an diesem Film zehren! Und sich entsetzen! Oder aufgeilen! Je nachdem. Wie immer sie es sahen.

Frau Sturz, die junge Frau Sturz, entsetzte sich, das war klar, sie hatte noch nichts gesehen, noch nichts erlebt, sie kam frisch von der Uni und wusste nichts vom Leben, und Bücher waren nicht alles, auch wenn sie das ihren Schülern nun beizubringen versuchte, aber Bücher waren, das hatte er, Paulsen, für sich schon lange begriffen, zweifellos nicht alles.

»Was?«, fragte Frau Sturz erneut. »Was werden Sie tun?«

Er schaute sie an und wunderte sich über ihre Hartnäckigkeit.

»Nils tut mir so wahnsinnig leid«, fuhr sie fort und lief neben ihm her den Gang hinunter. »Man kriegt ja mit, wie sie ihn fertigmachen. Vielleicht könnten wir gemeinsam irgendetwas ...«

»Was stellen Sie sich denn vor?«, fragte er.

Sie blieb stehen und seufzte. »Wenn ich das wüsste. Ziemlich schwierig, oder?«

»Ziemlich.«

»Und jetzt?«

Er atmete tief durch. »Ich habe Hunger«, sagte er, »ich muss was essen, dann kann ich besser denken. Kommen Sie mit? Überlegen wir gemeinsam?«

// CUT //

DRITTE BEFRAGUNG // SARA AUSTER
Mittwoch, einundzwanzigster Juni, Beginn: neun Uhr

Sie haben sie in die Direktion geholt, einen nach dem anderen, der Direktor, der Paulsen und die Sturz. Zuerst Jo, dann Rasmus, dann Fadi, dann Lukas, dann Simon. Schmeißt sie alle raus, hab ich gedacht, dann ist endlich Ruhe. Aber keiner wurde rausgeschmissen. Sie kriegten bloß Abmahnungen, so wie: Wenn das noch einmal vorkommt, dann aber ...
Pause.
Pffff! Da haben die sich sicher wahnsinnig gefürchtet!
Pause.
Schließlich holten sie Nils. Als der wieder herauskam, war er blass wie der Tod. Ging an mir vorbei, ging an allen vorbei, schaute keinen an, packte seine Sachen, verschwand.
Kurz hab ich überlegt, ob ich ihm hinterher ...
Aber dann ...
Pause.
Rasmus beobachtete mich. Er saß am Fensterbrett, hatte die Augen

leicht geschlossen, fast, als schlafe er. Aber ich wusste, dass er nicht schlief, dass er nie schlief. Ich wusste, dass er mich im Auge hatte. Dass der mich immer im Auge hatte.

Sara schweigt.

    Wollen wir eine Pause machen, Sara?

Sara schüttelt den Kopf.

Pause.

Der Film war am nächsten Tag aus dem Netz verschwunden. Aber es hatten ihn ohnehin schon alle gesehen.

// CUT //

»Scheiße gelaufen«, sagte Frau Sturz endlich und für einen kurzen Augenblick staunte Paulsen über ihre handfeste Ausdrucksweise.

»Ja«, sagte er, »das kann man so sagen. Aber immerhin, wir haben es versucht. Man kann uns nichts vorwerfen.«

Nils hatte sich jede Einmischung verbeten. Nils hatte mit fester Stimme dafür gesorgt, dass sie verstummt waren. Es sei so etwas wie eine Mutprobe gewesen, ein Ritual, und nun sei er Mitglied ihrer Clique. Sie hätten sein Einverständnis zum Filmen gehabt. Es sei alles in Ordnung und falls sie meinten, ihm helfen oder ihn schützen zu müssen, dann sei das zwar nett, aber ein Irrtum. Außerdem sollten sie bloß nicht auf die Idee kommen, seine Mutter da hineinzuziehen, die hätte im Krankenhaus genug am Hut und keine Reserven für solche Lappalien.

Sie hatten ihm das mit der Mutprobe nicht geglaubt. Man musste ihn nur ansehen, die Kratzer und Schrunden im Gesicht und an den Armen, dann konnte man ihm gar nicht glauben. Aber er zuckte nur die Schultern, meinte, das sei der wilde Rosenbusch gewesen, da sei er unversehens hineingekippt, selber schuld, blöd gelaufen!

Sie hatten versucht ihm auszureden, was er da an Unsinnigkeiten verbreitete, sie hatten Hilfe angeboten, Gespräche mit der Klasse, Schulpsychologie, aber er hatte sich schlicht und einfach und mit großer Klarheit alles verbeten. Dann war er gegangen.

Seither saß Frau Sturz schweigend in ihrem Sessel, die Hände ineinander verflochten, ausdrucksloses Gesicht. »Scheiße gelaufen«, sagte sie endlich und Paulsen: »Ja, das kann man so sagen.«

Der Direktor hob beschwichtigend die Hände. »Also bitte, Kollegen!«

Er erhob sich, öffnete ein Schränkchen, entnahm ihm drei Gläser und eine Flasche Cognac. »Aber danke, dass Sie sich in dieser Sache so engagieren«, sagte er, während er einschenkte. »Sehr unange-nehm das alles!«

»Und wie geht es jetzt weiter?«, fragte Frau Sturz.

Der Direktor seufzte. »Tatjana«, sagte er, »liebe Frau Kollegin, wie alt sind Sie?«

»Sechsundzwanzig«, sagte sie, »warum?«

Er nickte. »Das ist wirklich noch sehr jung.«

Er wandte sich ihr zu, reichte ihr das Glas und legte gleichzeitig seine Hand auf ihre. Sie zuckte zurück, der Cognac schwappte über. Der Direktor räusperte sich.

»Wir können nicht alle retten«, sagte er und seine Stimme war eine Nuance kühler als zuvor. »Das müssen Sie begreifen, Frau Sturz. Sonst ist das hier nicht zu schaffen.«

»Aber«, sagte sie und wunderte sich selbst über ihren Mut und ihre Hartnäckigkeit, »wieso lassen Sie alles einfach so durchgehen? Wieso greifen Sie nicht härter durch?«

Er lachte leise. »Was würden Sie denn vorschlagen?«

Sie musste nicht nachdenken. »Rauswerfen!«

»Rauswerfen?«

»Ja!«

»Alle?«

»Ja! Alle! Dann wäre klar, dass man sich hier nicht alles erlauben kann!«

Sie stellte das Glas auf den Tisch, atmete tief durch und wischte sich an der Jeans die Finger trocken.

»Wie stellen Sie sich denn das vor?«, fragte der Direktor und an seiner Stimme war zu hören, dass nun ein Abschluss hermusste, dass das hier eindeutig schon zu lange dauerte und vor allem in die falsche Richtung ging. »Auf einen Schlag vier oder fünf Schüler rauswerfen? Noch dazu einen wie Jo? Oder einen wie Fadi?«

Der Direktor machte eine Pause und schüttelte den Kopf. »Ihre Väter würden uns die Anwälte auf den Hals hetzen. Und was glauben Sie, was dann geschieht, Frau Sturz? Was glauben Sie, wenn das an die Öffentlichkeit kommt?«

Er beugte sich zu ihr, kam ihrem Gesicht ganz nahe, sie wich zurück.

»Dann gibt es ein Riesengeschrei und wir sind die Buhmänner. Wir brauchen aber auch im nächsten Jahr wieder Schüler. Sollen wir die abschrecken durch unangenehme Publicity? Wollen Sie das, Frau Sturz?«

Er verharrte eine Sekunde, eine unangenehme lange Sekunde, dann trat er einen Schritt zurück, nahm einen Schluck aus seinem Glas und stellte es hart auf den Tisch.

»Denn Sie«, fuhr er dann fort, »Sie, Frau Sturz, sind dann die Erste, die ihren Job verliert, wenn wir zu wenig Anmeldungen haben.«

»Alles klar«, sagte Frau Sturz kühl und stand auf. »Alles klar!«

Aber der Direktor war noch immer nicht fertig. »Außerdem sind

Jos Eltern wesentliche Stützen in unserem Schulförderverein! Wir haben ihnen einiges zu verdanken! Nicht nur finanziell!«

»Alles klar«, wiederholte Frau Sturz noch ein bisschen kühler und hob ihre Hände, »ich sagte doch: Alles klar!«

»Und davon ganz abgesehen«, fuhr der Direktor unbeirrt fort, »davon abgesehen, wissen wir doch nun, dass es keinerlei böse Absichten gegeben hat! Das hat Nils ja gerade sehr glaubhaft bestätigt. Und wenn Sie trotzdem etwas tun wollen, dann können Sie ja gerne für die Klasse ein paar gemeinschaftsfördernde Maßnahmen treffen. Ich bin sicher, da hat man Ihnen an der Universität manches passende Spielchen beigebracht, liebe Tatjana. Dämpfen Sie die jungen Leute einfach ein bisschen, dann wird das schon wieder!«

Wenn Frau Sturz bis hierher noch nicht sprachlos gewesen war, dann war sie es jetzt. Sie sagte also nichts mehr und ging. Die Tür fiel ein bisschen zu fest ins Schloss.

Der Direktor lächelte nachsichtig. »Sie wird es auch noch lernen, nicht wahr, Wolfgang? Das haben wir schließlich alle durchgemacht.«

Paulsen stand auf. »Tja«, meinte er, »wenn du das sagst.« Er verharrte kurz. »Also keine Elterngespräche?«

Der Direktor schüttelte den Kopf. »Keine Elterngespräche. Wir wollen keine schlafenden Hunde wecken. Es wird sich alles wieder legen. Und dieser Nils ...«

Genau, dachte Paulsen, dieser Nils ...

»Dieser Nils«, wiederholte der Direktor, »vielleicht ist einfach er das Problem!« Er räusperte sich. »Ich meine, bevor er zu uns kam, hat es doch nie Probleme gegeben! Oder?«

Er schaute Paulsen fragend an, dieser wiegte den Kopf hin und her. »Na ja«, sagte er nachdenklich, »so kann man das eigentlich nicht sagen.«

Und er wollte ansetzen zu einer längeren Ausführung über die ständigen und ärgerlichen Eskapaden *der fürchterlichen Vier*, aber der Direktor unterbrach ihn.

»Außerdem denke ich manchmal«, begann er und bekam einen pathetischen Ton in seine Stimme, »ich denke manchmal, wir brauchen solche Leute wie diesen Nils.« Er machte eine winzige Pause, als lausche er sich selber hinterher, dann nickte er zufrieden und fuhr fort: »Die das Schwere auf sich nehmen. An denen solch Zornige wie Jo und Rasmus sich abarbeiten können.«

Paulsens Augenbrauen gingen hoch, kurz stockte ihm der Atem. »Du meinst als Fußabtreter? Als Müllschlucker?«

»Genau«, sagte der Direktor, erfreut darüber, dass Paulsen das einsah und es obendrein so exakt einordnen konnte. »Ja. So könnte man das nennen. Du hast es auf den Punkt getroffen! Genau!«

Arschloch, dachte Paulsen, was bist du für ein Arschloch! »Und wenn so einer irgendwann explodiert?«, fragte er. »Wenn es so einen irgendwann zerreißt? Was dann?«

Der Direktor zuckte die Schultern. »Dann fliegen halt kurz die Fetzen. Das haben wir ja gerade gesehen. Und dann beruhigt sich wieder alles.« Er hob die Arme und schien mit sich zufrieden. »Das haben wir ja auch gesehen.«

Paulsen nickte und ging. Im Gang am Fenster stand Frau Sturz und schaute ihm entgegen. Er wollte vorbeigehen.

»Was?«, sagte sie heftig und stellte sich ihm in den Weg.

»Was was?«, fragte er und blieb notgedrungen stehen.

»Sie brauchen unsere Hilfe«, sagte sie, »dafür sind wir da! Dass wir ihnen helfen!«

Er seufzte. »Ach, Tatjana!«

»Was?«

Wieder seufzte er. »Manche wollen sich aber nicht helfen lassen! Geht das nicht in Ihren Dickschädel?!«

»Nein!« Sie schüttelte den Kopf, geriet in Eifer. »Das ist Quatsch! Und das wissen Sie genauso gut wie ich.«

»Ich weiß nur, dass Sie mir gerade ziemlich auf die Nerven gehen!«

»Schön«, rief sie. »Schön!«

Er schüttelte den Kopf, betrachtete seine Fingernägel, dachte daran, wie stolz er gewesen war über seine spontane Idee vor ein paar Wochen. Über diese scheißspontane Idee, Mila mit Nils zum Lernen zusammenzuspannen. Er war so sicher gewesen, damit zwei Fliegen mit einer Klappe zu schlagen. Zum einen würde Mila die Prüfung schaffen, zum anderen konnte sie als Teil der Clique dafür sorgen, dass diese aufhören würde, Nils zu piesacken. Aber der Plan war eindeutig nach hinten losgegangen. Kurz hatte Paulsen den Drang zu weinen.

Sie sah müde aus, Schatten um die Augen, 24 Stunden Dienst im Krankenhaus.

Gestern Mittag hatte sie zum Telefon gegriffen und Paulsen angerufen. Sie tat das nicht gern, in Wirklichkeit hatte sie es noch nie gemacht, aber so konnte es nicht weitergehen. Nils' versteinerte Miene und die Blessuren an Armen, Beinen und im Gesicht hatten sie dazu gezwungen. Nachdem auch Sara offenbar einem Schweigekodex unterlag, musste also nun Klassenlehrer Paulsen her.

Er wartete vor dem Lehrerzimmer auf sie und geleitete sie in einen kleinen Besprechungsraum, durch dessen gekipptes Fenster fröhliche Stimmen drangen.

Paulsen erzählte von dem *Vorfall*, wie er es nannte, erzählte vor allem Nils' Variante mit der Mutprobe und erwähnte schließlich auch den Film, stellte aber klar, dass er aus dem Netz ohnehin schon wieder verschwunden war, und beschwichtigte ansonsten.

»Wir haben es im Griff«, sagte er abschließend und wünschte sich nichts mehr, als morgen in den Ferien aufzuwachen. »Aber ich verstehe natürlich, dass Sie sich Sorgen machen.«

Sie schwieg, ihre Augen waren leer. Sie wusste so wenig, was mit ihrem Sohn geschah, und er fühlte sich wie in einer Falle und konnte keinem helfen. Nils nicht. Ihr nicht. Sich nicht.

»Sie wissen nicht besonders viel von Ihrem Sohn, oder?«, fragte er, weil er plötzlich Lust hatte, sie zu brüskieren, und das dafür die richtige Frage war.

Ihre Augen wurden dunkel, ihr Mund ein harter Strich, sie wirkte wie ein flüchtendes Tier. Wie alt ist sie wohl, dachte er, jünger als ich auf alle Fälle, so um die vierzig, ein Medizinstudium dauert lange und dann erst wird Nils gekommen sein.

»Was geht Sie das an?«, fragte sie und in ihr Gesicht trat eine leichte Röte. »Woher nehmen Sie das Recht ...«

Sie dachte an letzten Sonntag, an das Frühstück, an das Glück in Nils' Augen und dass sie sich deshalb so leicht gefühlt hatte, so wunderbar leicht. Das war erst drei Tage her. So schnell konnte die Welt sich verändern.

»Entschuldigen Sie«, sagte er. »So habe ich das nicht gemeint.«

»Wie haben Sie es denn gemeint?«

Er zuckte die Schultern. »Ich weiß nicht«, sagte er und lauschte in die Stille. Ich weiß nicht mehr weiter, dachte er und wünschte, er könnte es sagen. Sie wachsen mir über den Kopf, dachte er und sagte nichts. Ich habe keine Ahnung mehr von ihnen, dachte er, schaute Nils' Mutter an mit dem Mut der Verzweiflung im Blick, aber schwieg.

»Sie haben ja Angst«, sagte sie erstaunt und ebenso erstaunt nahm er zur Kenntnis, dass sie recht hatte.

»Ja«, sagte er. »Ja. Sie haben recht. Ich habe Angst.«

»Wovor?«, fragte sie.

»Davor«, sagte er, »davor und davor und davor.«

»Ich auch«, sagte sie tonlos.

Er nickte.

»Ja dann«, sagte sie und stand auf. »Dann haben wir es jetzt wohl.«

Er erhob sich ebenso. Sein Blick fiel aus dem Fenster. Auf die spiegelnde Wasserfläche des Schwimmbeckens. Auf die jungen, biegsamen Körper der Mädchen, deren spitze Schreie sich wie weiße Möwen in die Luft hoben. Auf die Degenhard mit der Trillerpfeife im Mund. Einen Augenblick verharrte er und dachte daran, dass er in ein paar Stunden neben ihr auf der Terrasse sitzen und in den Sonnenuntergang schauen würde. Das tröstete ihn.

»Nils ist ein netter Junge«, sagte er und wandte sich wieder Nils' Mutter zu, »etwas schüchtern vielleicht, etwas still. Ermutigen Sie ihn doch ein wenig.«

»Ermutigen«, wiederholte sie und dachte für einen Augenblick nach. »Ist das alles?«

»Ja«, sagte er, »das ist alles.«

»Danke«, sagte sie, »nett von Ihnen.«

Er nickte. Scheißkerl, dachte sie, starrt den jungen Dingern vor dem Fenster auf den Arsch und lässt mich hier im Regen stehen.

Sie ging.

Nils hob nicht ab. Und meldete sich nicht zurück. »Komm, Mama«, rief Mila und humpelte los. Die Mutter steckte ihren Kopf aus der Küche. »Was? Wohin?«

»Ich sag's dir unterwegs! Komm einfach!«

»Aber ich ...«

Verständnislos hob die Mutter die Hände, Teig klebte daran,

wahrscheinlich probierte sie eine neue Tarte oder ein Brot. Sowas machte sie glücklich. Aber jetzt war keine Zeit für Frau Hannermanns Glück.

»Komm endlich! Bitte!«

Sie hörte die Dringlichkeit in der Stimme ihrer Tochter. Sie ging zurück in die Küche, wusch sich notdürftig die Hände, schaltete das Backrohr aus, legte die Schürze ab, griff nach den Autoschlüsseln.

»Wohin?«

Er war nicht da. Oder er war da und öffnete einfach nicht. Vor dem Haus auf der anderen Straßenseite stand Sara mit hängenden Schultern und schaute herüber. Sie nickten einander zu.

Die Fahrt ging weiter. Hinaus an den Stadtrand hin zu den großen Gärten und Villen. Endlich gebot Mila ihrer Mutter stehenzubleiben.

»Wo sind wir hier?«, fragte Frau Hannermann.

»Bei Jo«, sagte Mila. »Warte hier auf mich«, stieg aus, humpelte zum Gartentor, drückte auf die Klingel.

Warten, dachte Frau Hannermann, sonst noch was?

Rasch folgte sie Mila, ignorierte deren zornigen Blicke und den Widerspruch. Das Tor öffnete sich.

Mathilde, die Haushälterin, war hocherfreut. »Mila«, sagte sie, »wie schön, dass du wieder einmal kommst! Wir haben dich schon vermisst! Aber keine Sorge, deinen Garten hab ich natürlich gegossen!«

Sie runzelte die Stirn und ließ ihre Blicke zwischen Mila, dem bandagierten Knöchel, dem Kopfverband und ihrer Mutter hin- und herwandern. »Aber was ist denn mit dir passiert? Jo hat gar nichts erzählt!«

Mila schwieg und humpelte, so schnell sie konnte, an Mathilde vorbei in Richtung Garten. Die beiden Frauen nickten einander zu und folgten Mila ratlos und neugierig. Eine dritte kam hinzu, Jos Mutter. Wiederum ein Nicken, ansonsten angespannte Stille.

Dann war Mila in ihrem Garten. Sie hörte nicht das überraschte Staunen ihrer Mutter, ihre entzückten Ausrufe und die Erklärungen der beiden anderen Frauen, sie hörte nichts. Sie starrte ihre Pflanzen an, suchte Gründe, suchte Erklärungen, wusste nicht, wofür, fand auch keine. Schließlich nahm sie den Spaten, stützte sich darauf, schaute noch einmal rundherum, schaute den Rosmarin an, die Petersilie, den Lauch, die Gurkenblüten. Dann Lavendel, Ginster, Klatschmohn, Kornblumen, endlich den Bogen der Kletterrose. Und dann ... ging alles sehr schnell.

Sie hob den Spaten und ließ ihn niederklatschen auf all die Schätze, auf all die Kostbarkeiten, die sie über Wochen gehegt und gepflegt hatte. Sie hörte die entsetzten Schreie der drei Frauen nicht, sie ließ sich nicht zurück- oder festhalten, sie drosch auf Blumen, Sträucher, Kräuter, Salat und Gemüse ein, bis nichts mehr ganz war, bis alles geköpft und zermäht zu ihren Füßen lag. Dann zog sie das Handy aus ihrer Hosentasche und begann das zerstörte Paradies zu fotografieren. Immer wieder fand sie neue Motive, fand sie noch kaputtere Blütenköpfe, noch zerrissenere Blätter, noch zerfetztere Dolden. Immer wieder drückte sie auf *Senden*, schickte die Fotos an wen auch immer, konnte nicht aufhören.

Irgendwann war es doch genug. Da ließ sie sich nieder ins Gras, krümmte sich zusammen wie ein Embryo und begann zu weinen. Als ihre Mutter sich zu ihr legte, leise und still und eng und warm, als die Mutter von hinten ihren Arm um sie schloss, fühlte Mila sich wie in einer Blase, geschützt und ein bisschen friedlich.

// CUT //

DRITTE BEFRAGUNG // SARA AUSTER
Mittwoch, einundzwanzigster Juni, Beginn: neun Uhr

Dass Mila ausgezuckt sei, aber komplett, erzählte Jo großspurig am
nächsten Tag in der Schule. Dass sie absolut einlieferfähig sei, fertig
für die Klapsmühle. Ich bekam Angst, richtige Angst! Nichts hatte
sich beruhigt! Irgendwie lief alles in Richtung Katastrophe und keiner
wusste, wie man es aufhalten sollte, wir waren ... ich weiß auch nicht ...
wir waren ... panisch ... ja, ich glaube, das waren wir ...
Sara steht auf, geht zum Fenster, schaut hinaus.
Mila kam die ganze Woche nicht in die Schule. Sie war verletzt, ich hatte
sie ja gesehen. Sie hatte einen Verband um den Kopf und einen um den
Knöchel und sie humpelte. Warum, wusste ich nicht, war auch egal.
Pause.
Nils fehlte auch. Zwei Tage. Am Donnerstag war er wieder da. Wir hiel-
ten alle gespannt den Atem an, als er hereinkam, und ich nahm mir vor,
wenn Jo diesmal ... oder Rasmus ... dann würde ich ...
Sara dreht sich zurück.
Aber sie verhielten sich ruhig. Alle. Kein »Detlef-blöde-Sau«, kein Ruck-
sack vor und zurück. Wir atmeten auf. Alle. Der Paulsen auch. Das
merkte man. Die Sturz auch.
Pause.
Plötzlich schien doch noch alles gut zu werden. Zumindest halbwegs.
Und die Ferien waren nahe. Und wir waren froh, dachten, da würden
wir uns alle lange nicht sehen und im Herbst könnten wir eine neue
Geschichte beginnen ... eine ganz neue ...
Pause.

... aber dann ...

Sara schließt die Augen, beginnt zu zittern.

... dann kam der Montag ... dieser zweite Scheiß-Montag ... und plötzlich hatte Nils dieses Messer in der Hand.

// CUT //

Sara hatte am Morgen auf Nils gewartet, um gemeinsam mit ihm zur Schule zu fahren. Das tat sie seit letztem Freitag, fuhr auf dem Schul- und dem Nachhauseweg mit dem Rad neben ihm her. Nils ließ es schweigend zu.

An diesem Morgen waren sie die ersten in der Klasse. Sara holte ihr Handy heraus, surfte ein wenig herum und dachte an den August, den sie mit ihrem Vater und seiner Familie verbringen würde.

Doch plötzlich hatte Nils dieses verdammte Messer in der Hand und seine Klinge zischte Sara entgegen. Sie zuckte zurück, erstarrte. »Nils!«, rief sie. »Was soll das? Wo hast du das her? Lass das sofort verschwinden!«

Aber Nils lächelte, ein bisschen stolz, ein bisschen, als ob das Leben ihm plötzlich gelänge. »Das gehört mir gar nicht«, sagte er. »Das gehört Rasmus. Er hat es doch verloren!«

Sara erinnerte sich. Was Mandy hinter vorgehaltener Hand erzählt hatte. Dass Rasmus' Vater ihm ein Messer zum Geburtstag geschenkt hatte. Dass es eine Klinge hatte, die auf Knopfdruck ausfuhr. »Wie eine Schlange«, hatte Mandy geprahlt, »wie eine Schlange flutscht dir die Klinge entgegen, dann rastet sie mit einem Knall fest!«

Und scharf wie ein Rasiermesser sei sie. Und eines von der Sorte Messer, die einer wie Rasmus eigentlich nicht besitzen durfte. Weil

sie verboten waren. Grundsätzlich. Und für einen, der gerade fünfzehn geworden war, sowieso. Mandy lachte stolz. »Aber dem Rasmus
ist das doch wurscht!«

Schon vor Wochen hatte Rasmus damit geprahlt und in Jos Garten hatten sie es versuchsweise an die Bäume gepinnt und darüber
redeten sie tagelang und natürlich trug Rasmus sein Schätzchen
auch in der Schule bei sich, aber dann war es dem Idioten irgendwann aus der Hosentasche gefallen und – wie Sara nun wusste –
Nils in die Finger.

// CUT //

DRITTE BEFRAGUNG // SARA AUSTER
Mittwoch, einundzwanzigster Juni, Beginn: neun Uhr

Rasmus hatte es tagelang gesucht. Durch die ganze Schule war er
gelaufen, immer wieder, und ich dachte, das vergönn ich dir, du Idiot,
dass du dein Schätzchen verlierst, deine Marina, so hatte er das Messer
nämlich genannt, Marina.
Sara tippt sich auf die Stirn. Pause.
Und dann hat es plötzlich der Nils!
Sara schüttelt panisch den Kopf.
Ich konnte das gar nicht glauben! Plötzlich hält mir der Nils dieses
Scheiß-Messer vors Gesicht!
Sara springt hoch, geht zum Fenster.
Steck es weg, hab ich gesagt, steck es weg! Gleich kommen die ande-
ren! Aber es war zu spät!

Es war zu spät. Plötzlich war Mandy da und ihre Augen wurden groß und alle Farbe wich aus ihrem Gesicht. Dann begann sie zu schreien, schrie wie eine Sirene. Nils erschrak. Vielleicht war es bis dahin nur ein Spiel gewesen. Sich stark fühlen, einmal im Leben unbesiegbar sein, der Held, der Drachentöter, silbernes Schwert. Aber dann begann Mandy zu schreien.

Er trat einen Schritt auf sie zu, wollte etwas sagen, etwas erklären, aber das war keine gute Idee, denn sie wich zurück, zurück bis an die Wand, und da stand sie und konnte nicht mehr weiter und streckte weit die Arme von sich und war kreidebleich und konnte und konnte ... nicht mehr still werden.

Plötzlich stand auch Jo in der Klasse, und hinter ihm kamen Isabella, Micha und die anderen, und Nils versteckte seine Hand hinter seinem Rücken, aber Mandy schrie immer noch, heiser und abgehackt, merkwürdige Wörter, unverständliche Laute, und alle wurden aufmerksam, alle wandten sich ihr zu. »Krieg dich wieder ein«, sagte Isabella. »Was ist denn? Hast du ein Gespenst gesehen?«

Mandy nickte. »Das Messer«, brachte sie endlich heraus. »Er hat das Messer.«

Sie guckten doof. »Wer?«, fragte Micha. »Was für ein Messer?«

»Na, Nils«, kreischte Mandy. »Nils!«

DRITTE BEFRAGUNG // JOHANNES »JO« BELLMANN
Mittwoch, einundzwanzigster Juni, Beginn: neun Uhr

Nils, hat sie geschrien, der Nils, und ich hab gedacht, nein, Quatsch, was redet die? Was redet die für Blech! Doch nicht Nils, doch nicht Detlef, die alte Sau. Der hat doch keinen Mumm, dem sind doch vor tausend Jahren die Glieder eingeschlafen, der ist doch nur Matsch, und ich hab gesagt: Detlef, blöde Sau, was machst du denn?

// CUT //

DRITTE BEFRAGUNG // SARA AUSTER
Mittwoch, einundzwanzigster Juni, Beginn: neun Uhr

Detlef, blöde Sau, hat Jo gesagt, Detlef, blöde Sau, was machst du denn?
Und das war wohl einfach zu viel! Das konnte der Nils wohl einfach nicht mehr aushalten.
Pause.
Jo hat sich umgedreht. Seine Augen waren ganz leer, ganz ohne Ahnung, und ich hab eine Scheißangst gespürt, eine Scheißangst, wie ich sie noch nie hatte, nicht einmal, wie sie den Nils gejagt haben.
Pause.
Sie standen sich gegenüber und starrten sich an und dann ... dann hat Nils den Arm gehoben und das Messer blinkte in seiner Faust und er schnellte nach vorne. Wie eine Tarantel schnellte er plötzlich nach vorne und die Spitze des Messers war wie der Endpunkt seines angespannten Körpers! Und er zielte! Zielte auf das Grübchen in Jos Hals. Ich

sah, wie das Leben darin pochte, ich sah, dass Jo Angst hatte, ich sah, dass er taumelte.

Nils taumelte nicht, Nils stand wie eine Statue, starr und stumm, kalt und zornig.

Pause.

Lauf, hab ich gedacht, lauf, Hase, lauf! Lieder kamen mir in den Sinn, Kinderlieder, die wir gesungen haben mit unseren Müttern, Lauf, Hase, lauf und Hänschen klein, blöde, kleine Gesänge, in denen das Glück verbrennt und davonfliegt, wie Staub, wie Asche, trocken wie Glaspapier ...

Pause.

Pause.

Scheiße, hab ich gedacht, er sticht zu. Er wird es tun. Jetzt haben sie ihn so weit!

Pause.

Und dann sagte er: Nils, ich heiße Nils! Und reckte sich, so hoch er konnte, und plötzlich ... plötzlich fiel es mir wieder ein ... plötzlich war er der silberne Ritter unserer Kindheit und Jo ... Jo war das tumbe, kleine Schaf. Diesmal er. Und hatte Angst. Diesmal er. Man konnte das sehen.

Pause.

Und Mandy, die Kuh, schrie. Wie eine Sirene.

Pause.

Und dann war Mila da, dann stand plötzlich Mila in der offenen Tür, aber es war zu spät.

Sara schüttelt den Kopf, flüstert.

Zu spät.

Pause.

Pause.

Eine winzige Bewegung machte Nils, eine winzige Bewegung nur, und dann ... aber dann ... dann begann Jo zu schreien, heulte wie ein wild

gewordener Köter, riss die Hand hoch, presste sie an seine Wange, nahm sie wieder weg, starrte sie an und dann … dann sahen wir es alle.
Pause.
Blut schmierte sich auf seiner Hand und im Gesicht. Wir verstummten, sogar Mandy, endlich auch Mandy, für den Bruchteil einer Sekunde war es ganz still.
Pause.
Ich schaute Nils an, sah den Schrecken in seinen Augen, sah, dass er verfiel.
Pause.
Dann ging Jos Brüllen wieder los, auch Mandys Sirenengeschrei. Tumult brach aus, Panik, Chaos, alle drängten weg, Hauptsache weg, bloß … Mila nicht, Mila wollte in die Gegenrichtung, Mila wollte zu Nils, aber hatte keine Chance, wurde umgestoßen, ging zu Boden.
Sara atmet tief durch.
Pause.
Dann wurde die Tür aufgerissen, der Paulsen stürzte herein, ganz fahl im Gesicht, und Nils …
Pause.
Pause.
… Nils war verschwunden.
Pause.
Nils war abgehauen, aus dem Fenster, hatte die Panik genützt, war geflohen. Vor der Meute. Vor sich selbst. Ich weiß es nicht.
Pause.
Pause.
Das Messer lag auf dem Boden und Rasmus stürzte darauf zu.
Aber natürlich knöpften sie es ihm auf der Stelle ab. Er nahm das schweigend zur Kenntnis, kniff die Augen zusammen, malmte mit den Zähnen, und ich wusste, es war Nils, den er zerbiss.

// CUT //

Die Sonne traf sie mitten ins Gesicht, aber sie merkten es nicht. Mandy schrie nicht mehr, trotzdem hörten sie ihre Schreie immer noch wie ein Echo, tagelang würden sie sie hören. Die Erstarrung löste sich, der Schock. Alles war vorbei, aber in Wirklichkeit begann es erst. Polizei war da, Psychologen, Ärzte, Sanitäter, Lehrer.

Jo zitterte wie Espenlaub, aber das würde er später nicht mehr zugeben. Sie hatten ihn in eine Decke gehüllt, seine Wange notdürftig verbunden, mit fahrigen Augen saß er auf einer Bank, neben ihm lag Mila auf einer Trage, ihr Kopfverband hatte sich beim Sturz gelöst, ihr Knöchel brannte und stach wie Feuer, ein Arzt bemühte sich um sie.

Nils Mutter kam, trat in die Halle, überließ sich dem Direktor, der Polizei, einem Psychologen, spürte sich abdriften, spürte Nils hinterher, spürte gleichzeitig, dass sie ihn nicht erreichen würde, sosehr sie sich auch anstrengte, spürte eine Kühle, jene, die sich schon daheim angeschlichen hatte, ein Schutzwall für kurze Zeit.

Der Anruf hatte sie zu Hause erreicht, eine sich überschlagende Stimme befahl sie rigide in die Schule, auf ihre erschrockene Nachfrage, was denn passiert sei, hatte es keine Antwort gegeben, lediglich die erneute Aufforderung, ehestens zu kommen.

Sie hatte versucht, Nils zu erreichen, aber er hob nicht ab.

Vor der Schule standen Autos mit blinkendem Blaulicht, Polizei und Rettung, einige der Sanitäter kannte sie aus dem Krankenhaus, auch die beiden Ärzte, die ihr entgegenkamen, sie nickte ihnen zu, ihre Reaktion jedoch war merkwürdig verhalten.

Als sie es ihr dann sagten, das, was geschehen war, als der

Direktor sie fest am Arm nahm, sie in eine Fensternische schob und ein Polizist ihr sagte, was geschehen war, drohte sie kurz zu kippen. Paulsen, der danebenstand, merkte es, holte einen Stuhl und ein Glas Wasser. Sie war ihm dankbar, trank in kleinen Schlucken, schaute sich um. Dort kauerte Sara auf dem Boden, daneben lag auf einer Trage Mila, das Mädchen, das in den letzten Wochen regelmäßig zum Lernen gekommen war, und ein paar Meter weiter saß ein schlotternder Junge mit einem Mullpflaster auf der Wange. Kurz verspürte sie den Drang, mit beruhigenden Worten und geschäftigem Tun ihrer ärztlichen Pflicht nachzukommen, aber gleichzeitig wusste sie, dass sie wohl die Letzte war, die hier zur Beruhigung betragen konnte.

Als sie nach ihrem Sohn fragte, wo er denn sei, sie wolle mit ihm sprechen, da war es, als höre sie sich selbst von irgendwo außerhalb, und als sie ihr sagten, dass Nils verschwunden sei, abgehauen, keiner wisse, wohin, als sie ihr das sagten, da hatte sie das Gefühl, als stopfe einer Watte um sie herum und in sie hinein.

Sie stand auf, trat ans Fenster, legte ihre Handflächen an das Glas, hielt sich daran fest, seine Kühle strömte in sie hinein und durch sie hindurch und stellte sich als klare, saubere Wand zwischen sie und alle anderen, zwischen sie und Sara, zwischen sie und dem schlotternden Jungen, zwischen sie und Nils.

Und langsam, langsam begann sie zu wissen, dass diese Sache, DIESE verdammte, verfluchte SACHE, nicht mehr zu vergessen sein würde, dass sie sich einprägen würde in Vergangenheit, Gegenwart und Zukunft.

// CUT //

DRITTE BEFRAGUNG // SARA AUSTER
Mittwoch, einundzwanzigster Juni, Beginn: neun Uhr

Weißt du, wo Nils ist, Sara?
Sara schüttelt den Kopf.
Nein.
Wenn du es weißt, Sara, musst du es sagen! Wir wollen ihm nichts
Böses, wir wollen ihm helfen. Wie euch allen. Wenn du es also
weißt ...
Ich weiß es nicht!
Pause.
Ich weiß nicht, wo Nils ist! Ich weiß es nicht!
Pause.
Möchtest du eine Pause, Sara?
Sara schüttelt den Kopf.
Nein!
Pause.
Keine Pause!
Pause.
Die Welt zerbricht ... das Leben ... alles.
Pause.
Hinaus auf die Felder muss ich immer schauen, hinüber zum Wald. Dort
hatten wir unsere Verstecke, früher, als Kinder. So lang ist das her.

// CUT //

Der wollte mich abstechen, der Nils, die feige Sau! Der wollte mich abstechen!

Tut die ganze Zeit, als könne er keiner Fliege was zuleide tun, und dann ... dann stellt der sich hin und schneidet mir die Wange auf!

Einfach so!

Ohne Grund!

Ich hab dem nie was getan!

Ich meine, wo sind wir denn? Hin und wieder eine kleine Neckerei, das ist doch nichts, das muss man doch aushalten, da muss doch keiner ausflippen, das macht doch jeder! That's life! Wenn einer das nicht aushält, dann soll er scheißen gehen!

Jo springt auf, läuft zum Fenster, trommelt mit den Fäusten dagegen, dreht sich wieder um.

Und Mila, die Fotze! Erst macht die mich heiß und dann fickt der Clown ihr mit seinem Mathezeug das Hirn leer?!

Und plötzlich redet die wie eine große Nummer! Schnauze halten, sagt die zu mir, halt deine verdammte Schnauze, Jo, du Arsch! So hat die mit mir geredet! So!

Aber der wollte mich abstechen! Ihr kleiner Mathefreund!

Jo sinkt in sich zusammen.

Seine Mutter schläft nicht mehr. FUCK! Keine Nacht. Schläft einfach nicht mehr.

Pause.

Ich auch nicht.

Pause.

Ich seh ihn, er kommt auf mich zu, und dann ...

Jo legt das Gesicht in seine Hände, beginnt zu zittern, fängt sich wieder.

Soll sie halt zum Arzt. Sich Tabletten krallen. Zum Beruhigen. Ist doch selber Ärztin! Muss das doch wissen!

Pause.

Mein Vater hat auf stur geschaltet. Brüllt herum: Solange du unter meinem Dach lebst und deine Füße unter meinem Tisch stellst!

Und ich: Aber ich bin ...

Und er: Solange ...

Und ich ...

// CUT //

DRITTE BEFRAGUNG // SARA AUSTER
Mittwoch, einundzwanzigster Juni, Beginn: neun Uhr

Zwei Tage schon.

Und ständig befragt ihr uns.

Und immer stellt ihr die gleichen Fragen!

Tausend gleiche Fragen!

Pause.

Immer wieder, ob ich Nils' Versteck kenne. Immer wieder, ob ich weiß, wo er ist. Weil wir Spielgefährten waren. Weil wir uns schon als Kinder kannten. Wo könnte er sein, fragt ihr. Was ist er für ein Mensch? Wie tickt er?

Aber ich ... weiß es nicht. Ich weiß es doch nicht!

Pause.

Pause.

Pause.

Jo zuckt immer wieder aus.

Pause.

Ich habe ihn nie gemocht, aber einmal irgendwie … geliebt. Das ist … so lange her.

Pause.

Manchmal singe ich.

Zum Fenster hinaus, zum Wald hin.

Blöde, kleine Kinderlieder.

Hänschen klein ging allein in die weite Welt hinein, starr sein Blick und schwer sein Herz von einem gar zu schweren Schmerz, und die Mutter weinet sehr, hat ja nun kein Hänschen mehr, wünsch dir Glück, sagt ihr Blick, kehrst nie mehr zurück?

Pause.

Meine Mutter sagt, ich habe eine schöne Stimme, aber ich soll nicht so traurige Dinge singen und dass das Lied anders geht und es wird schon wieder werden und dass wir daran glauben müssen.

// CUT //

DRITTE BEFRAGUNG // JOHANNES »JO« BELLMANN
Mittwoch, einundzwanzigster Juni, Beginn: neun Uhr

… schläft einfach nicht mehr …

// CUT //

Zweiter Teil

Fünf Uhr dreizehn: Er erwachte, weil ihm die Sonne in die Augen spritzte.

Fünf Uhr neunundvierzig: Er erwachte vom Schreien der Vögel.

Sechs Uhr dreiundfünfzig: Er erwachte vom Krabbeln einer Spinne über sein Gesicht.

Acht Uhr neunzehn: Er erwachte durch Stimmen in der Ferne.

Neun Uhr elf: Er erwachte.

Ein Morgen wie nie. Ein Morgen wie keiner zuvor. Einer im Irgendwo. Einer, wo die Dämmerung sich länger aufhielt, weil die Bäume dicht an dicht standen und die Sonne nicht ins Unterholz kam. Einer, in dem es Geräusche gab, die man nicht kannte. Einer, in dem Tiere durch Gebüsch und Gesträuch streiften, lautlos fast, und doch machten sie Spuren in diesen Morgen, kleine Schreie, Abdrücke im Moos, Knacken morscher Äste, Blattgeriesel. Einer, wo Spinnen und Käfer über einen drüber liefen und Schnecken im Laub feuchte Spuren zogen. Einer, wo Würmer und Maden Schrunden und Gänge durch den Tierkadaver bohrten, der nebenan lag und dessen dichten Gestank die Kühle der Nacht gerade noch verborgen hatte. Ein Morgen.

Nils kämpfte sich hoch aus diesem Morgen und der bodenlosen Müdigkeit, die ihn immer noch umfangen hielt, richtete sich auf, schaute sich um. Tiefer in den Wald war er gekrochen, als die Sonne aufgegangen und ihn geblendet hatte. Nun fröstelte er im Schatten, schlug die Arme um sich, kroch zurück ans Licht in die Sonne hinein, in die Flecken, die sie auf dem Waldboden machte, in die Zitterflecken, die hin- und hersprangen, den wippenden Ästen hinterher. Froh war er um den Pullover, den er aus dem Zug hatte mitgehen lassen, der war weit, aber flauschig und warm, Nils schlotterte, wenn er daran dachte, wie die Nacht ohne ihn vergangen wäre.

Weiter kroch er in die Sonne, stand endlich auf, tauchte hervor aus den Büschen am Waldrand, schaute sich um. Als er gestern nach der endlos scheinenden Wanderschaft hier gelandet war, war es schon dunkel gewesen und unheimlich, nun im Licht sah alles anders aus. Eine Wiese, Felder, Bäume zwischendrin, grün vor einem blauen Himmel, Eigentlich war es ein schöner Anblick, ein friedlicher. Und die Sonne? Wärmte endlich.

Hunger meldete sich, Hunger und Durst. Nils' Magen zog sich zusammen, seit mehr als 24 Stunden hatte er nichts gegessen und getrunken. Die paar Schlucke Wasser am Bahnhofsklo zählten nicht viel. Aber gut hatten sie getan! Dieses kühle Rinnsal in der Kehle. Dann im Gesicht. Die verklebten Augen freiwaschen. Den Mund ausspülen. Trinken. Nils schüttelte es, immer noch fror er. Zwar war es nicht kalt gewesen in der Nacht, die Juninächte waren ungewöhnlich warm, aber ohne Decke fror man einfach, ohne Decke fühlte man sich nackt und leer, ohne Decke schlich sich die Kälte des Erschreckens immer wieder ins Herz, ohne Decke ließen sich die Bilder nicht bannen.

Schluchzen stieg hoch, jenes Schluchzen, das Nils seit dem gestrigen Morgen begleitete, seit das Messer ihm aus den Hand gefallen und er aus dem Fenster gesprungen war. Das Blut auf Jos Wange war das letzte, was er gesehen hatte, und Mila, Milas erschrockene Augen.

Was hatte er nur angerichtet Was sollte er tun?

Zurück zum Bahnhof?

Zurück in dieses Scheißleben, in dem keiner ihn haben wollte? Zurück zu den Arschlöchern, die ihn nun noch fertiger machen würden als je zuvor? Zurück zu Mila, die vermutlich nur Mitleid für ihn übrighatte?

Nein, das ging nicht. Das ging einfach nicht.

Und seine Mutter? Sie als einzige, die ihn wirklich und wahrhaftig liebte? Und warum? Weil sie eben seine Mutter war. Weil Mütter nicht anders konnten, als ihre Kinder zu lieben. Weil das von der Natur so vorgegeben war.

Schöner Grund! Schöner Scheißgrund!

Und vermutlich stimmte er gar nicht. Zumindest nicht bei ihm. Vermutlich war auch seine Mutter froh, dass sie ihn endlich los war, dass er ihr keine Scherereien mehr machte, dass sie keine Angst mehr vor der nächsten Katastrophe haben brauchte, die er, Nils, auslösen würde.

Nils?

Nein, nicht Nils.

Detlef.

Sie hatten schon recht.

Vermutlich war er wirklich der Detlef, für den sie ihn immer gehalten hatten.

Nils weinte. Fiel auf die Knie und weinte.

Nein, er konnte nicht zurück. Es war unmöglich. Er würde hierbleiben, hier im Wald bis zum Verrotten. Er sah ja, dass das ging, man konnte hier verrotten und die Würmer würden auch durch seinen Körper Löcher und Gänge graben und irgendwann würde er ausgemerzt sein, völlig, vollständig und kein Hahn würde mehr nach ihm krähen, kein Hahn, kein Mensch, kein Garnichts.

Er spürte, wie ihm übel wurde, kotzübel. Er wandte sich um, stolperte zurück zum Kadaver, in dessen Nachbarschaft er aufgewacht war, stolperte fast über ihn und auf ihn drauf, konnte sich gerade noch halten. Ein Hase oder ein Kaninchen war das einmal gewesen. Er übergab sich, spuckte die letzte Galle aus sich heraus, fiel hintüber, kippte weg.

Sekunden später war er wieder da, das Leben wollte nicht heraus aus ihm, das Leben warf ihn zurück. Reiß dich zusammen, flüsterte das Leben ihm zu. Mach! Tu! Lass nicht einfach so geschehen!

Aber was, flüsterte er, was soll ich denn tun?!

Dann sagte er es lauter. Was soll ich denn tun? Schließlich schrie er es, brüllte es: Was soll ich denn tun?! Brüllte es hinaus. Auf die Wiesen, auf die Felder, den Bäumen entgegen. Brüllte. Brüllte. Brüllte.

Sich das Herz frei.

Die Seele.

Den Kopf. Den Bauch.

Aber den Hunger überbrüllte er nicht. Der Hunger blieb.

Er drehte sich um. Stürmte los.

Und rannte! Kilometer um Kilometer! Wollte die Gedanken wegrennen, die Erinnerungsbilder, aber sie waren wie Flashs, begannen, sein Gehirn aufzuweichen.

Was, dachte er, was?

Was, wenn?

120

Was, wenn ich zugestochen hätte, was, wenn ich nur ein bisschen tiefer, ein bisschen fester ...

Er blieb stehen, trommelte mit den Fäusten gegen die Stirn, spürte Seitenstechen, keuchend beugte er sich nach vorne, wartete auf das Ende des Schmerzes.

Endlich ging es wieder, er lief weiter, langsamer nun, keine Flashs mehr, Regen kam auf, kühlte ihm Nacken, Kopf und Körper. Er blieb stehen, begann sich zu drehen, schnell, immer schneller, die Welt zerfiel in Bilder, begann um ihn zu tanzen. Wieder brüllte er seinen Zorn in die Luft, die Wut und den Schmerz, dann begann er erneut zu heulen, plärrte wie ein Kleinkind. Immer noch nieselte es, die Tränen vermischten sich mit dem Regen, das war wie Glas auf seinem Gesicht, bewegliches Glas, elastisch wie Gummi, tröstlich.

Die Sonne war hochgestiegen, fiel durch die Bäume auf den Weg. Nils wusste nicht, wie lange er schon durch den Wald lief. Stunden vermutlich. Müde war er, müde. Am liebsten hätte er sich einfach hingelegt, aber das ging nicht. Er brauchte einen Schlafplatz, einen besseren als letzte Nacht. Nicht wieder ein Kadaver, in den er seine Galle hineinkotzte.

Und Durst war da. Und Hunger. Gingen nicht mehr weg.

Ein Schatten fiel auf den Weg, Nils schaute hoch, der Himmel hatte sich zugezogen, kam ein Unwetter auf? Regen? Schon wieder? Und Blitz und Donner noch dazu? Das fehlte gerade noch!

Nils beschleunigte seine Schritte, nahm alle Kraftreserven zusammen, aber schon begannen die ersten Tropfen zu fallen, schwere, dicke Tropfen, Nils streckte sein Gesicht hinein, es kühlte, es tat gut, er öffnete den Mund, kühle Nässe auf den Schleimhäuten, auf der Zunge, in der Kehle, es tat gut.

Aber der Regen wurde mehr, trommelte ihm gegen den Körper, wischte ihm durchs Gesicht, wurde zum Sturm, zum Orkan, wurde klatschkalt und bösartig, und Nils tauchte ab vom Weg, stolperte in die Büsche hinein, hoffte dort auf mehr Schutz, hoffte, dass keiner der schwankenden, ächzenden Bäume fallen würde. Ganz klein kauerte er sich zusammen, schob den Kopf in den Pullover hinein, schob den Pullover über seine angewinkelten Beine, legte das Gesicht auf die Knie. Wie in einem Zelt fühlte er sich, aber das Zelt war nicht dicht.

Irgendwann ließ das Trommeln nach, ein leichtes Nieseln nur noch, der Himmel war wie ausgewaschen, frisch wie ein Morgenhimmel.

Nils atmete tief durch, tauchte aus dem Pulloverzelt, zitternd vor Kälte, wie ein schwerer Sack hing der Pullover nun an ihm, vollgesogen vom Regen, nasse Katze, auch in seinen Schuhen Pfützen, und Rinnsale in seinem Nacken und durch die Haare und übers Gesicht. Ich kann nicht mehr, dachte es verzweifelt in ihm, ich kann nicht mehr, ich kann einfach nicht mehr.

Er blickte hoch, schaute sich um, wünschte sich ein Bett, ein richtiges Bett, flauschig und weich, mit Polster und Decke, wünschte sich zu essen, Suppe, Brot, Saft, Kakao.

Er blickte hoch, schaute sich um und sah …

… und sah durch die Bäume, durch die Sträucher, durch das Flusen ihrer Blätter etwas schimmern. Sah leuchtende Farbe, sah ein Rot wie ein Dachschindelrot, sah ein Gelb wie ein Häuserfarbengelb.

Nils schüttelte den Kopf und rieb sich die Augen, schaute wieder hin durch das Nieseln, durch das Blattwerk – und schrie vor Freude auf! Kein Zweifel, Dachschindelrot, Häuserfarbengelb, kein Zweifel! Wie von der Tarantel gestochen sprang Nils hoch und stürmte den Farben zu.

Es war eine Hütte. Nein, eher ein Haus. Ein Häuschen. Ein Häuschen im Wald auf einer Lichtung. Es wirkte leer und unbewohnt. Neben der Tür standen ein Tisch und eine Bank, davor ein Feuerkorb. Und um alles das herum gab es so etwas wie einen Zaun.

Heftig stieß Nils die Luft aus, spürte das polternde Klopfen seines Herzens.

Er straffte sich, schlich durch den Garten, schlich die Hauswand entlang, lugte vorsichtig durch ein Fenster, sah einen Tisch mit ein paar Stühlen, sah so etwas wie eine Küche. Nils huschte zum nächsten Fenster, presste sein Gesicht an die Glasscheibe. Keiner da. Nichts rührte sich. Dann zur Tür. Rütteln. Nichts. Alles versperrt. Nils schlich um das Haus herum, vielleicht gab es hinten noch eine Tür. Vielleicht war diese unversperrt, auf Hintertüren vergaß man gern.

Erstaunt blieb er stehen, als er um die Ecke bog. Der Platz öffnete sich, mündete in einen Weg, einen breiten Weg, fast eine Straße, eine Forststraße. Die Zivilisation war also nahe.

Kurz zögerte Nils, spürte die Angst vor Entdeckung. Aber dann ...

Egal, dachte Nils, ich habe Hunger und friere. Und gleich würden sie ihn schon nicht finden. Nicht sofort. Nicht auf der Stelle. Er brauchte noch Zeit. Zeit zum Nachdenken, das würde sich schon ausgehen, sicher würde sich das ausgehen, und wenn er erst gegessen und geschlafen hatte, würde man sehen.

Er schaute sich weiter um, fand keine Hintertür, aber einen Verschlag mit ordentlich aufgeschichteten Holzscheiten. Man konnte also einheizen, ein Feuer machen, man konnte sich wärmen, wenn man fror, und die Kleidung trocknen, wenn sie nass war.

Er würde also überleben, das war klar.

Und was ihm plötzlich auch klar war, er *wollte* überleben. Er *wollte*.

Ein warmes Gefühl durchrieselte Nils. Er schniefte, wischte sich über die Augen und kehrte zurück an die Tür. Irgendwo musste es einen Schlüssel geben ...

Nils bückte sich, hob die Strohmatte an, die vor der Tür lag. Nichts! Scheiße, dachte er, wo noch, wo noch?

Sein Blick fiel auf zwei Geranientöpfe unmittelbar neben der Tür. Er stutzte. Geranien? Die musste man gießen. An heißen Tagen jeden Tag. Also kam hier regelmäßig jemand her. Sehr regelmäßig. An heißen Tagen jeden Tag. Also war die Zivilisation noch näher als gedacht.

Er wollte nicht darüber nachdenken, nicht jetzt. Er bückte sich, tastete mit den Fingern. Treffer! Triumphierend förderte er einen Schlüssel zutage, steckte ihn ins Schloss, er passte, ließ sich drehen, die Tür öffnete sich, und Nils Augen begannen beglückt zu wandern. Ein Schlaraffenland, dachte er, ein Schlaraffenland kann nicht schöner sein.

Ein großer Raum erstreckte sich vor Nils Augen, warm und kuschelig, ein Esstisch, Stühle, eine Couch, eine Küchennische, ein Ofen. Eine Treppe, die unters Dach führte, unterhalb der Treppe eine Tür.

Nils schloss die Haustür hinter sich, marschierte los in die Küche, machte alle Schränke und Läden auf, fand das Paradies. Nudeln, Nüsse, Äpfel, Konserven, Kekse, Marmelade, Brot, Tee, Kaffee, Kakao. Im Kühlschrank Butter, Salami und Milch.

Nils füllte ein Glas mit Wasser und trank es in einem Zug aus. Ein weiteres folgte. Und noch eines. Dann packte er Brot, Salami, Butter, Honig und eine Packung Kekse auf den Tisch und begann seine Mahlzeit. Anfangs gierig, dann immer langsamer und mit Genuss, und am Ende machte er sich eine große Tasse Kakao, und als er irgendwann das Gefühl hatte zu platzen, hörte er auf, lehnte sich in seinem Stuhl zurück, atmete tief durch und ließ die Blicke schweifen.

Was war hinter der Tür? Wohin führte die Treppe? Er würde es erkunden. Er würde alles erkunden. Kam Zeit, kam Rat. Und später würde er Nudeln kochen und …

Aber jetzt spürte er ein dringendes Bedürfnis. Ein Klo, dachte er, und dann eine Dusche.

Er stand auf, ging zur Tür unter der Treppe, fand Waschbecken, Dusche, Klo, Handtücher.

Während das warme Wasser über Nils' Gesicht lief, über seinen Körper, dachte er an seine Mutter. Er hätte sie gerne angerufen, hätte ihr gesagt, dass es ihm gut ging, dass sie sich keine Sorgen zu machen brauchte, auch an Mila hätte er gerne eine Nachricht geschickt, aber sein Handy war in der Klasse zurückgeblieben, auf dem Tisch neben seinem Rucksack.

Es war alles so schnell gegangen und er hatte schauen müssen, dass er aus dem Fenster kam, und zwischen ihm und dem Tisch hatte die Meute gelauert.

Heftig schüttelte Nils den Kopf. Nicht denken jetzt. Nicht daran. Zu früh. Ging noch nicht. Einfach nur die Wärme spüren, die an ihm herabrieselte, und das weiche Fließen des Wassers.

Oberhalb der Treppe fand sich ein Bett. Ein wunderbares, breites Bett mit Kopfpolster und Decken. Nils legte sich hin, schob sich unter die Decke, sein Körper kuschelte sich ein.

Nur einen Augenblick, dachte er, nur einen winzigen Augenblick dieses Weiche spüren, dieses wunderbar Weiche. Nur ein bisschen liegen jetzt ... ein bisschen ausruhen ... später denken ... jetzt nicht ... später ... nachdenken ... was sein wird ... später ... und schlief ein ... war eingeschlafen ... eingeschlafen ... schlief ...

Im Schlaf kamen die Bilder, fluteten sein Gehirn, drängten dicht an ihn heran, führten ihn zurück in die Schule, in die Klasse, in das, was er erlebt hatte. Er konnte sich nicht wehren, man träumte eben, was man träumte.

Scheiß-Detlef hatte Jo ihn wieder genannt, *Scheiß-Detlef, Scheiß-Detlef,* und das war zu viel gewesen. Einfach um den berühmten Tropfen zu viel. Und dann blinkte das Messer und dann plärrten sie los, Jo und Mandy und all die anderen, und dann stürmten sie davon.

Und er, Nils, auch. Aber in die entgegengesetzte Richtung. Sprang aus dem Fenster, das offen stand, als hätte es nur auf ihn gewartet.

Und als er draußen war, begann die wilde Flucht. Quer durch die Stadt mit nichts in den Händen, nichts in den Taschen. Kein Geld, kein Handy, kein Garnichts. Nicht die besten Voraussetzungen. Aber das konnte man sich eben nicht immer aussuchen.

Am Bahnhof kam er zu sich. Was wollte er da? Sich vor die Schienen werfen? Hoffen, dass der Schmerz nur kurz dauerte, wenn der Zug ihn überrollte? Oder besser hochspringen? In einen der Züge hinein? Hoch, hinein, weg?

Ja!

Hoch. Hinein. Weg.

Wohin?

Egal!

Irgendwohin!

In den nächsten Zug, wohin auch immer. Nils wählte ein Nest, das keiner kannte. Oder das Nest wählte ihn, denn es war das erste Ziel, in dessen Richtung sich ein Zug in Bewegung setzte. Also war es auch Nils' Ziel.

Viele Leute standen wartend auf dem Bahnsteig, was Nils gut fand, denn unter vielen Leuten konnte man sich auch gut verstecken. Er suchte sich einen Platz in der Mitte des Wagons. Sollte der Schaffner kommen, so dachte er, konnte er schnell hoch und in den nächsten, egal in welche Richtung. Er wunderte sich über sich selbst, dass er so cool und überlegt handelte, alle Eventualitäten bedachte und sie in Gedanken durchspielte. Als der Zug sich in Bewegung setzte, begann er aber doch zu zittern und spürte seine Knie weich werden, weich wie Butter in der Sonne.

Sie fuhren. Eine Viertelstunde, eine halbe. Kein Schaffner. Aber dann doch. »Jemand zugestiegen, bitte?«

Eine kurze Lähmung schoss durch Nils, aber dann ... stand er langsam auf und ging in die andere Richtung davon, hinaus auf den Gang, das Klolicht leuchtete grün, er ging hinein, schloss ab, da leuchtete es rot.

Nils saß auf dem Klo, den Kopf in die Hände gestützt. Manchmal rüttelte jemand an der Tür, da schreckte er hoch, aber blieb ganz still, hoffte, dass keiner den Schaffner holte, um nach dem Rechten zu sehen. Einer hatte seinen Pullover hängen lassen am Haken an der Tür, ein riesiges unförmiges Ding. Bei seinem Anblick begann Nils plötzlich vor Kälte zu zittern, also holte er den Pullover vom Haken und zog ihn sich kurzerhand über den Kopf. Aber es war vermutlich nicht die Kälte gewesen, die ihn zittern ließ, wie auch bei dreißig Grad, es war wohl der Schock, der ihn plötzlich vereinnahmte, und das Spüren einer schrecklichen Verlassenheit. Leise schluchzend hockte er auf dem Klodeckel, kauerte sich eng zusammen, lehnte sich gegen die Wand, schlang die Arme um sich, zitterte weiter. Der Zug rauschte dahin.

Nils wusste nicht, wie lange schon, wie lange noch, hatte jedes Gefühl für die Zeit verloren. Doch plötzlich hielt der Zug und Nils schoss hoch, hinaus aus dem Klo, hinaus aus dem Zug, weg vom Bahnsteig. Als er fühlte, dass er in Sicherheit war, dass niemand ihn verfolgte, verlangsamte er seine Schritte, betrat eine Rolltreppe und fuhr hoch in die Halle. Das erste, was ihm ins Auge fiel, war eine riesige Uhr mit riesigen Zeigern, die drei viertel drei zeigte. Viel Zeit also, die seit dem Morgen vergangen war.

Nils verschwand aufs Klo, trank ein paar Hände Wasser, ging zurück in die Halle, verließ den Bahnhof und irrte durch ein Städtchen, das in der Nachmittagshitze wie ausgestorben schien.

Irgendwann bog er ab, lief durch Felder und Wiesen, landete am Waldrand. Zorn kam, Tränen, dann die Erschöpfung. Im Gras liegend blinzelte er in die Sonne, die milder geworden war, was ihm nicht half, im Gegenteil, der Abend kam, die Nacht stand bevor, eine erste Scheißnacht im Freien und nichts gegessen und nichts getrunken, bloß die paar Hände Wasser vom Bahnhofsklo. Schließlich war es dunkel.

Er wickelte den Pullover eng um sich, dankte dem, der ihn im Zug vergessen hatte, fühlte sich ein bisschen getröstet und weniger einsam. An einen Baumstamm gelehnt lauschte er in die Dunkelheit, von fern ein paar Lichter, an denen hielt er sich fest, die verlor er nicht aus den Augen.

Mama, dachte er, geht es dir gut, machst du dir Sorgen?

Wie sollte es bloß weitergehen?

Er hatte Jo die Wange aufgeschnitten!

Er

hatte

Jo

die

Wange

aufgeschnitten

!

Dass Jo ein Arsch war, der das tausendfach provoziert hatte, zählte nichts, denn Jos Vater war einflussreich und hatte Geld und kannte vermutlich Gott und die Welt und alle Richter. Er, Nils, hingegen kannte niemanden, weder Gott noch die Welt und nicht einen einzigen Richter. Und weil er alt genug dafür war, würde er im Gefängnis landen. Und seine Mutter würde an der Schande sterben.

Nils kippte auf die Seite, nickte ein, schreckte immer wieder hoch. Dunkelbilder stiegen auf, Frier- und Angstbilder. Unheimlich war der Wald in der Nacht. Das Rauschen der Bäume und des Windes, das Schreien der Tiere und das Singen des Grases, all das verschmolz zu einem Teppich, auf dem weder warm noch weich zu liegen war.

Nils war ein Eindringling in dieser Nachtwelt, in dieser Waldwelt. Er störte den Frieden, die Eintracht, die Harmonie. Und also ließen sie ihn nicht schlafen, die Dunkelelfen, die Nachteulen, die Fuchsschwänze, holten ihn zurück, wieder und wieder. Irgendwann kamen die anderen Bilder, die aus seinem Inneren, schickten ihn zurück in die Hölle und in den Film hinein, den sie von ihm gemacht hatten, in das Gefühl der Panik und des Ausgeliefertseins.

So klein hatte er sich gefühlt, winzig klein, eine Ameise, eine Mücke, und sie tanzten um ihn herum und waren riesengroß und bereit, ihn zu zertreten, ihn einzustampfen, als hätte es ihn nie gegeben. Das Gefühl jedoch, das ihn ergriffen hatte, als er mit dem Messer vor Jo stand, als er die Macht hatte, eindeutig er, als der andere zu wimmern und zu betteln begann und in seinen Augen die gleiche Angst saß, das gleiche Grauen, das er, Nils, so gut kannte; dieses Gefühl war um keinen Deut besser gewesen.

Von jeher hatte Nils die Sehnsucht verspürt dazuzugehören, einer von ihnen zu sein. Aber im gleichen Atemzug hatte er gewusst, dass es nicht glücken würde. Er hatte dieses Stille an sich, das sich nicht überwinden ließ. Es war nicht so, dass er sich unwohl fühlte in seiner Stille, es war vielmehr so, dass diese Stille die anderen nicht einließ. Und ihn nicht hinaus.

Die Welt war ein Berg und er wusste, eines Tages würde es ihn hochtreiben, den Gipfeln entgegen und dann ... dann ... würde er fliegen ... vielleicht allein ... vielleicht nicht.

Sonne im Gesicht, zurück aus den Träumen.

Wie spät war es? Hatten sie ihn schon entdeckt? Sollte er weiter? Wohin?

Nils schreckte hoch. Nein, nicht weiter, so viel war sicher. Man konnte nicht davonlaufen. Vor fast nichts.

Er sank zurück, genoss die Weichheit der Matratze und die Wärme der Decke, nachdem er im Traum gerade noch den kalten, harten Waldboden gespürt hatte. Um nichts in der Welt wollte er tauschen.

Wie spät es wohl war? Er drehte sich zur Seite, lugte aus dem Dachfenster. Hellster Sonnenschein auf der Lichtung. Dann konnte nicht viel Zeit vergangen sein, seit er eingenickt war. Vielleicht eine Stunde. Maximal zwei.

Hatte er nicht Nudeln kochen wollen zum Abendessen? Und die Kleider mussten hinaus in die Sonne zum Trocknen.

Nils wollte hoch, aber seine Glieder, seine Beine waren immer noch so schwer, als speicherten sie alle Müdigkeit der Welt. Jeden einzelnen Muskel spürte er.

»Reiß dich zusammen«, murmelte er sich selber zu und kroch mühsam unter der Decke hervor.

Im Regal fand er Kleidung, Männersachen und Frauensachen. Er nahm sich eine Shorts und ein T-Shirt, alles zu groß, zu weit, zu lang, zum Glück lag auch ein Gürtel im Regal. Vorsichtig näherte er sich der Treppe, lugte hinunter. Keiner da. Alles still. Alles noch so, wie er es vor einer Stunde verlassen hatte, der Tisch nicht abgeräumt, der Kleiderhaufen auf dem Boden im Bad. Keiner war in seine Idylle eingedrungen.

Die Uhr an der Wand zeigte vier.

Nils runzelte die Stirn. Er konnte schwören, dass die Zeiger auf fünf gewiesen hatten, als er ins Bad gegangen war. Und jetzt sollte es vier sein? Unmöglich!

Oder hatte er sich etwa in den nächsten Tag hineingeschlafen? War er etwa fast vierundzwanzig Stunden weg gewesen? Abgetaucht in Tiefschlaf? Wie ein Stein?

Nils staunte mit offenem Mund. Dann war also heute ... Mittwoch.

Nils setzte sich hinaus in die Sonne, Mittwoch also. Was sie wohl machten, die anderen? Wie es ihnen wohl ging?

Der Kleiderstoß im Bad fiel ihm ein, der musste dringend in die Sonne. Nils packte die feuchten Sachen, trug sie hinaus und breitete sie im Gras aus. In einer Stunde würde alles trocken sein. Mittwoch also. Was sie wohl machten? Wie es ihnen ging?

Nils räumte den Tisch ab. Die Butter war fast zerflossen, die Salami glänzte speckig. Eine Fliege erfreute sich am offenen Marmeladenglas, und die Scheibe Brot, die auf dem Teller zurückgeblieben war, bog sich an den Ecken hoch, so ausgetrocknet war sie. Nils befiel das schlechte Gewissen. Er war ein übler, undankbarer Gast.

Was sie wohl machten? Wie es ihnen ging?

Nils lag im Gras, schaute in den Himmel, in die vorbeiziehenden Wolken. Ein Lied summte in seinem Kopf, ein Kinderlied. Hänschen klein ging allein in die weite Welt hinein, Stock und Hut steh'n ihm gut, ist gar wohlgemut. Aber Mutter weinet sehr, hat ja nun kein Hänschen mehr. Wünsch dir Glück, sagt ihr Blick, komm nur bald zurück!

Was sie wohl machten? Wie es ihnen ging?

Brian, der Engländer, fiel ihm ein, der Mann, der seiner Mutter so gutgetan hatte. Wäre das Heimweh nicht gewesen, hätten sie vielleicht eine Chance gehabt.

Nils drehte sich zur Seite, hatte die Grashalme vor den Augen, wie in Großaufnahme zitterten sie im Wind hin und her. Schön sah das aus, kleine Schwerter, die die Luft zerschnitten.

Er würde ihn anrufen, beschloss Nils, Brian, den Engländer, wenn er wieder zurück war in der Welt, wenn er beschließen sollte zurückzukehren, würde er ihn anrufen, vielleicht sogar ihn besuchen, der Sommer kam und das Meer an der englischen Küste war ein guter Ort. Und vielleicht wollte auch seine Mutter ihn besuchen, Brian, den Engländer.

Nils drehte sich zurück auf den Rücken, die Sonne blendete ihn, doch er erlaubte sich nicht wegzuschauen, so lange nicht, bis er niesen musste.

Was sie wohl machten? Wie es ihnen ging? Ein Schatten fiel über Nils' Gesicht. Eine Wolke hatte sich vor die Sonne geschoben.

Nils kochte Nudeln, schreckte sie ab, vermischte sie mit Bolognese-sauce aus einem Glas und setzte sich mit einer Riesenportion nach draußen an den Tisch. Es schmeckte, warm wurde ihm im Bauch und weich, es tat so gut, satt zu werden, satt zu sein, es war wie ein Ruhekissen.

Es dämmerte. Es wurde dunkel. Der Pullover war trocken, man konnte ihn wieder anziehen. Nils befüllte den Feuerkorb mit Holz-scheiten, machte Feuer. Im Schein der Flammen begann er an die Bilder zu denken, an die angesparten, die konservierten. Die guten Bilder. Die für schlechte Zeiten. Ganz viele Mila-Bilder waren dabei. Mila lachend im Gras. Mila im Garten. Mila, wie sie den Garten zer-störte. Für ihn, Nils. Als Beweis. Dass sie nicht mehr zu den anderen gehörte. Dass sie auf seiner Seite stand.

Geweint hatte er, als diese Bilder kamen, eins nach dem anderen, die geknickten Rosen, der umgestürzte Bogen, die zerschlagenen Kräuter, die zerschlagenen Blumen, das Gemüse, das gewiss keiner mehr essen würde. Geweint hatte er. Bitterlich.

Was sie wohl machten? Wie es ihnen ging?

Nils dachte an Paulsen und dass er es vermutlich gut gemeint hatte und dass es auch tatsächlich gut gewesen war, dieses Zusammen-spannen von zweien, die auf den ersten Blick so gar nicht zueinan-der zu passen schienen. Aber eben auf den zweiten. Auch, wenn die Dinge aus dem Ruder gelaufen waren, er jetzt hier saß und keine Ahnung hatte, wo er sich befand und wie es weitergehen sollte.

»Eigentlich müssten wir ihm dankbar sein, dem Paulsen«, hatte Mila scherzhaft gemeint. Oder so ähnlich. Nils hatte gelacht und gesagt: »Das fehlte noch!« Oder so ähnlich. Aber es stimmte. Sie mussten ihm dankbar sein.

Harz trat aus dem Holz und verbrannte zischend. »Ich kann nichts besonders gut«, hatte Mila damals gesagt, »ich habe keine besondere Begabung. Ich bin absoluter Durchschnitt.«

Da hatte Nils ihren Garten noch nicht gesehen, ihre Hingabe an ihn noch nicht gespürt, und doch war ihm sofort klar gewesen, dass sie nicht recht haben konnte, dass ihre Behauptung Unsinn war.

Er musste ihr endlich antworten. Er musste ihr das sagen. Damit sie es endlich auch wusste.

Und vielleicht wurde es Zeit. Dass man ihn hier entdeckte. Dass er zurückkehrte. Dass er erfuhr, was sie machten, wie es ihnen ging. Dass sie erfuhren, was er machte, wie es ihm ging.

Er löschte das Feuer. Sorgfältig und genau. Kein Funke blieb zurück. Er schlief gut in dieser Nacht.

Am nächsten Morgen saßen sie auf der Bank vor dem Haus und warteten auf ihn. Als hätte er sie bestellt. Und das hatte er ja auch irgendwie. Ein Mann und eine Frau. Beide etwa so alt wie seine Mutter. Vielleicht ein wenig jünger. Er hörte ihre Stimmen beim Aufwachen durchs offene Fenster. Sie schienen ganz ruhig, die Frau lachte, der Mann neckte sie. Nils spürte, wie sein Herz heftiger zu klopfen begann. Langsam stand er auf, zog sich an, ging die Treppe hinunter. Die Stimmen verstummten, wahrscheinlich hatten sie ihn gehört.

Als er in der offenen Tür auftauchte, waren ihre Gesichter ihm zugewandt und für einen Augenblick war es ganz still. Dann räusperte sich die Frau und sagte: »Guten Morgen!«

Nils nickte. »Guten Morgen!«

Die Frau lächelte. »Hast du Hunger?«

Wieder nickte Nils.

»Dann setz dich!«

Nils setzte sich. Vorsichtig. Angespannt. Wie auf dem Sprung. Schaute auf den Tisch. Da stand ein Körbchen mit frischem Gebäck neben der Butter, der Marmelade und dem Honig, da lagen Käse und Wurst auf einem Teller, daneben Tomaten, Paprika und Gurken. Und drei Gedecke. Drei.

»Kakao oder Kaffee?«, fragte die Frau und stand auf. »Tee haben wir keinen.« Sie lächelte. »Aber das weißt du ja.«

»Kakao«, sagte er und musste sich räuspern, weil seine Stimme plötzlich so heiser war. »Bitte!«

»Gerne«, sagte sie und verschwand im Haus.

»Wir haben mit dem Frühstück nicht auf dich gewartet«, sagte der Mann, »wir wussten ja nicht, wie lange du schlafen würdest.«

»Macht nichts«, sagte Nils und dachte im gleichen Moment, dass das wohl das Frechste war, was er jemals gesagt hatte. Er musste grinsen, der Mann auch. Er reichte Nils das unbenützte Gedeck.

»Wie heißt du?«, fragte er.

»Nils«, sagte Nils.

Der Mann nickte und streckte die Hand aus. »Hallo Nils, ich bin Jürgen.«

Die Frau kam wieder mit einer dampfenden Tasse Kakao in der Hand. »Und das ist Claudia«, sagte Jürgen. »Claudia, das ist Nils.«

Claudia streckte Nils die Hand entgegen. »Hallo, Nils«, sagte sie, »lass dir dein Frühstück schmecken.«

Sie stellte die Tasse vor ihn hin, der Kakao duftete verheißungs-voll. Nils fing an zu essen und spürte, wie alles ein bisschen gut zu werden begann. »Na, dann erzähl mal«, sagte Jürgen, als Nils sich endlich zurücklehnte. »Wir sind gespannt.«

Und Nils erzählte. Und als er fertig war, wusste er, dass Schwei-gen manchmal weder Gold noch Silber war, sondern einfach nur Scheiße, und dass er viel zu lange geschwiegen hatte.

Später saß er im Fond des Wagens, schaute aus dem Fenster und staunte darüber, wie lange sie unterwegs waren. Da hatte er in diesen Tagen eine ordentliche Strecke zurückgelegt, sowohl mit dem Zug als auch zu Fuß.

Er dachte an die Telefonate mit Claudias Handy. Seine Mutter hatte ziemlich glücklich geklungen, nachdem sie seine Stimme er-kannt hatte. Und er war das auch gewesen. »Kommst du jetzt heim?«, hatte sie gefragt und er: »Noch nicht gleich. Muss noch was erledi-gen. Abends dann.«

»Was?«, fragte sie. »Was musst du denn noch erledigen?«

»Ich erzähl's dir später«, sagte er, »vertrau mir.«

»Okay«, sagte sie, nachdem sie für eine Zehntelsekunde ge-schwiegen hatte. Das war's. Einfach okay. Er musste lächeln. Coole Mam, seine Mam.

Dann rief er Mila an. Wegen des Gartens. Weil er ihr sagen musste, dass er wusste, was sie offenbar noch nicht wusste. Und dass er wie-der da war, das musste er ihr auch sagen. Dass es ihn nun wieder gab.

Sie war erleichtert. Und freute sich. Das merkte er. Und freute sich, weil sie sich freute.

»Habt ihr mich vermisst?«, fragte er und sie sagte: »Ja, haben wir«, und erzählte ihm von dem großen Auflauf, den es in der Schule gab, von Polizisten und Psychologen und dass die alles aufgemischt hatten und alles durcheinanderrührten und dass das vielleicht noch eine Weile so gehen würde.

Nils hörte ihr staunend zu. »Wow«, sagte er, »dass das solche Wellen schlägt!«

»Klar«, sagte sie, »was dachtest du denn!«

Dann schwiegen sie und er glaubte, dass sie jetzt wohl gleich auflegen würde, aber sie räusperte sich und sagte: »Diese Mutter-Mann-Geschichte, du weißt schon, diese England-Geschichte, die musst du mir auch noch erzählen.«

Er wunderte sich, dass sie das nicht vergessen hatte. »Muss ich?«, fragte er.

»Klar«, sagte sie.

Er nickte und fühlte sich merkwürdig zufrieden. »Klar«, sagte er. »Muss ich! Jetzt?«

»Nein«, sagte sie und es war ihm, als höre er sie grinsen, und grinste auch, »nicht jetzt. Aber bald. Bald wäre gut.«

»Okay«, sagte er, »bald.«

Das war's. Sie legten auf. Sie sagte ihm nicht, dass sie es ohnehin schon gewusst hatte, das mit dem Garten. Sie wollte ihm die Freude nicht nehmen. Sie sagte ihm auch nicht, dass sie, wenn die Schule abgeschlossen war, auf den Hof ziehen würde. Zu den Großeltern. Zweihundert Kilometer weit weg. Wegen des Gartens. Sie würde es ihm später sagen und später war bald und bald war gut.

Allmählich näherten sie sich der Stadt. Es wurde brenzlig. Nils spürte das. Claudia drehte sich um. »Nervös?«

Er nickte.

»Glaub ich dir«, sagte sie, »aber es wird schon gutgehen.« Sie lächelte aufmunternd.

Ja, dachte Nils, ja! Gutgehen. Wird es das?

Er runzelte die Stirn, begann aufgeregt mit dem Fuß zu wippen. Vielleicht nein. Vielleicht ja.

Sie mussten ja nicht beste Freunde werden, er und Jo und Rasmus, es genügte doch auch, wenn einer den anderen einfach leben ließ.

Paulsen jedenfalls, wie es aussah, würde helfen. Und die Degenhard. Und die Sturz. Und die Psychologen. Und die Polizisten. Und vermutlich alle irgendwie. Er, Nils, vertraute jetzt einfach. Manchmal musste man das.

»Wir sind da«, sagte Jürgen und hielt vor einem Gartentor, von dem aus man das Haus sehen konnte, und Nils wunderte sich, dass es ein unspießiges Haus war, ein absolut unspießiges Haus, das er dem Paulsen und der Degenhard absolut nicht zugetraut hätte und wie sehr man sich also täuschen konnte.

Sie stiegen aus und Nils spürte, wie seine Knie schlotterten und ihm die Kehle eng wurde.

»Wird schon alles gutgehen«, sagte Claudia aufmunternd und klopfte ihm auf die Schulter. »Wir sind ja auch noch da.«

Nils nickte und schaute durch den Zaun und kaute an seiner Unterlippe und dachte an Mila und dass er sie fragen musste, wann sie denn nun endlich einen Termin freihatte wegen Shoppen und so. Dann atmete er noch einmal tief durch. Dann drückte er auf die Klingel.

GABI KRESLEHNER

geboren 1965 in Oberösterreich; lebt in Ottensheim/OÖ; Autorin, Lehrerin, Theaterpädagogin; schreibt für Kinder, Jugendliche und Erwachsene; Literatur- und Theaterprojekte mit Kindern, Jugendlichen und Erwachsenen; mehrere Preise und Stipendien, unter anderem: Österreichischer Kinder- und Jugendbuchpreis 2010 und 2018, Nominierung zum Deutschen Jugendliteraturpreis 2012; Übersetzungen u. a. ins Englische, Italienische und Chinesische; Verfilmung ihres Jugendromans »Charlottes Traum« (2015) unter dem Titel »beautiful girl«.

Im Tyrolia-Verlag hat sie bereits das Jugendbuch »PaulaPaul-Tom ans Meer« (2016) sowie das Bilderbuch »Duhuu? Hast du mich lieb?« (2017; Illustration: Verena Ballhaus) veröffentlicht.

Sarah Michaela Orlovský
Tomaten mögen keinen Regen

Ein Waisenheim ist halt ein Waisenheim. Und wenn man sein ganzes Leben in einem Waisenheim gewohnt hat, weiß man auch gar nicht, wie es anders sein könnte.

Die Geschichte von fünf elternlosen Jugendlichen, die gemeinsam aufwachsen – alle ein bisschen »anders« und dabei doch auch ganz »normal«. Ein bemerkenswerter Debütroman.

ISBN 978-3-7022-3368-6 | gebunden
176 Seiten | ab 12 Jahren

Barbara Schinko
Schneeflockensommer

Da rannte die Pechmarie. Aber so weit sie auch rannte, das Blut blieb an ihr kleben ...

Es ist eine große Schuld, die Marie dazu bringt wegzulaufen. Fast einen ganzen Sommer lang versucht sie, ihrer eigenen Geschichte zu entkommen. Doch sie weiß ganz genau, was sie letztlich zu tun hat ...

ISBN 978-3-7022-3484-3 | gebunden
160 Seiten | ab 12 Jahren